EILEEN CADDY

HERZENSTÜR ZU GOTT

Ein Findhorn-Buch

AURINIA

Eileen Caddy

HERZENSTÜR ZU GOTT: EIN FINDHORN-BUCH

Aus dem Englischen von Kristine Ackermann
Mit einem Vorwort von Diana Cooper

MIX
Papier aus verantwortungsvollen Quellen
FSC® C083411
FSC www.fsc.org

Umschlagfoto: shutterstock.com
Lektorat: Anke Schenker
Satz, Lithografie und Herstellung: Robert B. Osten

Printed in Germany
ISBN 978-3-95659-008-5

2. Auflage

Besuchen Sie auch unsere Website: www.aurinia.de

INHALT

VORWORT

Gott sendet uns von Zeit zu Zeit einen reinen, hingebungsvollen Geist, um unseren spirituellen Pfad zu erleuchten, und Eileen Caddy ist ein solch besonderes Wesen.

Ich fühle mich sehr geehrt, ein Vorwort insbesondere zu diesem Buch, »Herzenstür zu Gott«, schreiben zu dürfen. Eileen ist immer eine große Inspiration für mich gewesen und wird es immer bleiben, jetzt da sie heimgekehrt ist zum großen Geist. Sobald ich beginne Eileens Worte in diesem Buch zu lesen, fließen durch mich Wogen des Friedens und ich weiß, dass Gott durch diese Worte zu mir spricht: Es ist so einfach und doch so klar und richtig. Es ist so wundervoll zu sagen: »Wisse, du wurdest geschaffen, um Erfolg zu haben.« Mit diesen Worten werden Ego und Zweifel hinweg genommen. Natürlich möchte Gott, dass wir vorankommen!

In diesem Buch finden wir an unterschiedlichen Stellen Affirmationen, und jedes Mal, wenn ich eine davon lese, muss ich innehalten und sie wiederholen, und ich spüre die Resonanz, wie sie mich durchfließt.

Eines der Geschenke, die mir Eileen durch dieses Buch gab, war die Aussage, dass du dir selbst etwas gibst, wenn du vergibst. Vergebung ist ein Weg, dir selbst Frieden und Freude zu geben. Ich dachte sofort darüber nach, wie viel mehr an Vergebung ich anbieten müsse und wie sehr es mein Leben bereichern würde.

Ich bin überwältigt von dem Licht, das aus diesem Buch strahlt. Durch ihre Selbstdisziplin und ihre Liebe zu Gott wurde Eileen zu dem Menschen, der sie war. Ihre Arbeit ist nicht am Ende, da ich sicher bin, dass sie weiterhin andere Menschen erleuchtet, die ihre

Worte lesen, und ihnen dabei hilft, das Wesen der wahren göttlichen Liebe zu verinnerlichen. Ich danke Dir, Eileen.

Im September 2013
Diana Cooper

VORWORT

Als eine der Begründerin der Findhorn Foundation wurde Eileen Caddy häufig gebeten, durch die Welt zu reisen und Workshops zu geben. Sie war immer freundlich und widmete ihr Leben der Arbeit für Gott, und so willigte sie auch immer ein. In gewisser Weise entstand dieses Buch aus Eileens innerem Bedürfnis heraus, mit dem Reisen aufzuhören und sich mehr in der Foundation zu engagieren. Ebenso nahm sie am Findhorn-Educational-Programm teil, bei dem sie Workshops für Gäste und Mitarbeiter abhielt. Als Eileen Ende siebzig war, stellten sich die ersten Zeichen ein, dass ihre Arbeit mit Gruppen zu einem Ende kommen würde. Wir beide waren der Ansicht, dass es für die Menschen von Nutzen sei, Zugang zu den Informationen zu erhalten, die sie normalerweise mit den Besuchern der Seminare teilte, die wir beide zusammen abhielten. Und so entstand dieses Buch.

Eileen verschied am 13. Dezember 2006. Während der letzten zehn Jahre ihres Lebens war sie kontinuierlich in der Findhorn Gemeinschaft präsent, immer bereit, anderen Personen zu helfen und ihre Weisheit zu teilen. Ihr immerwährender Leitsatz (»Guidance«) war »Wir sind alle eins, es gibt keine Teilung, alles ist sehr, sehr gut«. Und sie lebte ihr Leben nach dieser zentralen Überzeugung.

In den letzten Jahren ihres Lebens sagte sie mir viele Male, dass dies in dieses Buch – das sie am liebsten hat – eingeflossen ist. Die Inspirationen in diesem Buch erzählen die Geschichte, wie sie lernte, mit der inneren Führung, die sie erhielt, zu leben, und von den Methoden, die sie anwandte und die ihr dabei halfen. An vielen Stellen spricht sie darüber, wie sie lernte und für sich kultivierte, in jedem Moment präsent zu sein und aufmerksam gegenüber den inneren Zeichen Gottes. Sie lernte, eine gute Zuhörerin zu sein und innerlich still zu werden, bis sie einen perfekten friedvollen Zustand erreichte. Meine Erfahrung war, dass sie freudvoll den Übergang aus diesem Leben vollzog, geistesgegenwärtig und präsent, bis sie hörte, dass es Zeit war, die Augen zu schließen und zu gehen. Ihr Tod war anmutig und friedvoll; sie bewegte sich mehr und mehr in die Stille und ließ sanft los.

Eine sehr persönliche Bemerkung: Ich fühle mich gesegnet, dass ich so viel Zeit mit Eileen verbringen konnte. Die Lehrtätigkeit mit ihr zusammen hat meinen Sinn für die Verbindung mit dem Göttlichen vertieft. Als ich 1996 dieses Buch zusammenstellte, wusste ich nicht, wie sehr ich diese Worte 2003 brauchen würde, als der Doktor sagte: »Sie haben Krebs.« Eine lebensbedrohliche Krankheit zu haben ist wahrlich kein Zuckerschlecken. Das Leben mit dem Krebs hat all meinen Glauben und meine Ängste an die Oberfläche gespült. Ich sammelte Informationen darüber, was für ein physischer Weg vor mir liegen würde, und ich verstand, dass ich auf alle meine jahrelangen spirituellen Erfahrungen zurückgreifen müsste, um damit klarzukommen.

Eine besonders intensive Lektion wurde mir am Anfang meiner zweiten Chemotherapie erteilt. Mir ging es schon seit einigen Tagen nicht besonders gut, und so entschloss ich mich, das Gesundheitszentrum anzurufen. Man entschied, dass ich vielleicht an einer ernsthaften Infektion leide und es das Beste sei, schnellstmöglich ins Krankenhaus zu gehen. Ich telefonierte umher, um eine Fahrmöglichkeit zu organisieren, packte eine Tasche, fragte mich, was mich nun wohl erwarten würde, und wurde im Eiltempo ins Krankenhaus gebracht. Als ich mich zur Nachtruhe in einem Bett der onkologischen Abteilung des Krankenhauses wiederfand, begann mein Körper auf das Herumgewusel um mich herum zu reagieren, indem er anfing zu zittern, und in meinem Kopf enthüllte sich eine Welt der Angst. Ich versuchte mich mit Lesen abzulenken, aber ohne Erfolg. Dann versuchte ich mir spirituelle Vorträge auf meinem iPod anzuhören, aber der fror ein und gab keinen Ton mehr von sich. Die Angst und ich – wir waren allein. Da erinnerte ich mich: »Sei vollkommen präsent in jedem Moment und erinnere dich, dass Gott in jeder Situation anwesend ist. Betrachte Herausforderungen mit unpersönlicher Distanziertheit. Wisse, dass wir alle eins sind, es gibt keine Trennung, alles ist sehr, sehr gut.« Ich konnte Eileens Stimme in meinem Kopf förmlich hören. Ich hatte Eileen diese Sätze so viele Male sagen hören. Ich begann meine Aufmerksamkeit auf den Moment zu richten, anstatt auf das, was mein Verstand projizierte, und erinnerte mich meiner Verbindung zu Gott. Mein Verstand und mein Körper beruhigten sich allmählich und eine friedvolle Atmosphäre umgab mich für den Rest der Nacht. Ich verließ das Hospital am nächsten Tag: Es war keine Infektion zu finden.

Seit dieser Nacht erlebte ich viele Male, wie ich geistig in angstbasiertes Denken abdriftete, mich dann wieder fing und an Eileens Worte dachte. Ich lebe weiter mit dem Krebs und arbeite mit den Prinzipien, die in diesem Buch beschrieben sind. Sie haben mir geholfen, zentriert zu bleiben während der scheinbar nie enden wollenden Maßnahmen und Behandlungen. Und es sind gleichzeitig diese scheinbar nie enden wollenden Behandlungen, die mir geholfen haben, meine Anstrengungen zu intensivieren und mein Leben nach den Prinzipien auszurichten, die Eileen gelebt und über die sie hier geschrieben hat.

Eileen war eine sehr demütige Person. Sie war davon überzeugt, dass sich jeder Mensch auf seine spirituelle Quelle einstimmen und mit ihr verbinden kann, so wie sie es getan hat. Ich hoffe, dass ihre Worte in diesem Buch die Leserinnen und Leser dabei unterstützen werden, genau dies zu tun.

Im Januar 2014, Judi Buttner

MORGENGEBET

Wenn wir heute anderen Menschen begegnen, wollen wir einen jeden von ihnen mit den Augen der Liebe sehen. Wir wollen mit den Ohren der Liebe hören, mit der Stimme der Liebe sprechen und mit den Händen der Liebe berühren.

Gewähre uns die Gnade, allen Menschen mit Verständnis, Geduld und Toleranz begegnen zu können. Gib, dass wir durch die Veränderungen der Zeit und der Umstände hindurch Christus in jedem Gesicht sehen und in jeder Stimme hören können.

Mögen wir wissen, wann es angebracht ist zu reden und wann zu schweigen. Mögen wir unser göttliches Erbe in der wahrhaftigsten Weise, die möglich ist, frei zum Ausdruck bringen und mögen wir anderen dieselbe Freiheit zubilligen. Lass unseren Glauben unter allen Umständen stark sein. Und wenn unser Vertrauen zu wanken scheint, stütze uns mit Deinem gütigen, liebevollen Geist.

Mögen unsere Gedanken das Wunder unserer Welt erschaffen. Mögen unsere Worte unsere Liebe für dich ausdrücken. Mögen unsere Taten Deinem Namen Ruhm und Ehre bringen. Wir danken Dir, Gott, für all die wundervollen Menschen, die auf unserer Welt leben und mit denen wir die erstaunliche Erfahrung des Lebens teilen. Mögen wir dieser Liebe würdig sein und nur Dein Licht widerspiegeln, Deine Liebe und Deine Weisheit.

So sei es. Gelobt seist Du!

ERSTER TEIL

INSPIRATIONEN

Meilensteine auf dem geistigen Weg

Das Erwachen

Ich bin christlich erzogen worden. Ich ging zur Kirche und zur Sonntagsschule. Ich wurde belehrt, wie man auf Knien betet, wie man für andere Menschen betet und wie man Gott um bestimmte Dinge bittet. Ich wurde im Studium der Bibel unterrichtet und erfreute mich an biblischen Geschichten. Ich sehnte mich danach, so heilen zu können wie Jesus.

Doch was erweckte mich zum spirituellen Leben?

Eines Tages, als ich völlig mit dem Rücken zur Wand stand und mein Leben im Chaos zu versinken drohte, betete ich um Hilfe zu Gott. Da hörte ich eine Stimme. Es war ein erschütterndes Erlebnis. Ich wusste nicht, woher diese Stimme kam, und glaubte, einen Nervenzusammenbruch zu haben.

Die allerersten Worte, die ich hörte, waren: »Sei ruhig und wisse, dass ich Gott bin.« Die Stimme sprach weiter und versicherte mir, dass alles gut würde in meinem Leben, wenn ich ihr folgte. Ich griff nach jedem Strohhalm wie ein Ertrinkender. So hat alles begonnen. Und auf diese Stimme habe ich nun vierzig Jahre lang gehört, in allen Höhen und Tiefen.

Vorbereitung

Sobald ich für die Tatsache erwacht war, dass Gott in mir ist und ich die noch schwache Stimme hören konnte, hatte ich viele Lektionen zu lernen. Die nächsten Jahre waren eine sehr schmerzhafte Zeit des Lernens.

Selbstdisziplin und Gehorsam waren die ersten beiden Lektionen. Um Selbstdisziplin zu entwickeln, musste ich bestimmte Meditationszeiten einhalten: 6.00 Uhr, 12.00 Uhr und 21.00 Uhr. Diese Zeiten waren sozusagen meine Verabredungen mit Gott. Und wenn du eine Verabredung mit Gott hast, kommst du nie zu spät! Pünktlichkeit war sehr wichtig. Meine Lehrerin war Sheena, die fünf Jahre lang Peters Lehrerin und Ehefrau war. Sie war eine sehr strenge Frau, also war mir keinerlei Nachlässigkeit vergönnt. Ich muss zugeben, dass ich Angst vor ihr hatte.

Ich hatte immer das Gefühl, dass sie mich mit Angst belehrte, nicht mit Liebe. Aber wahrscheinlich war ich auch eine sehr schwierige Schülerin und brauchte eine strenge Behandlung.

Ich hätte es wirklich fast nicht überlebt. Wie Lots Frau schaute ich einmal zurück. Doch ich wurde nicht in eine Salzsäule verwandelt. Jetzt weiß ich ganz sicher: Was ich tat, nur weil alles zu schwer für mich wurde, hat meine Arbeit mehrere Jahre lang aufgehalten. Ich habe niemandem etwas vorzuwerfen, außer mir selbst.

Zeit der Inspiration

Dies war eine Zeit, in der ich eine rosarote Brille zu tragen schien. Alles war erleuchtet. Ich empfing Visionen und wunderschöne inspirierende Weisungen. Ich fühlte mich in einer solchen Hochstimmung. Wie hätte es mir besser gehen können? Dabei merkte ich nicht, dass ich auf Herz und Nieren geprüft werden musste und das, was folgen musste, eine so tiefe Dunkelheit war. Zu jener Zeit fühlte ich mich wie im Himmel.

Als mein Glaube bis zum Äußersten geprüft wurde, ging ich durch das hindurch, was die dunkle Nacht der Seele genannt wird. Wie war mein Verhältnis zu Gott? Konnte ich durch Prüfungen und Versuchungen hindurchgehen, ohne vor Verzweiflung die Hände zu ringen und wegzulaufen? Es war eine äußerst schwere Zeit.

Ich habe mehrere dunkle Nächte der Seele durchlebt. Irgendwann dachte ich, dass ein Mensch so etwas nur einmal durchmachen muss und danach nie wieder. Doch dem scheint nicht so zu sein. Ich erinnere mich, einen Freund, der der Kirche angehörte, gefragt zu haben, wie oft es nötig sei, dies zu durchleben. Er schlug mir vor, die Gesamtsituation dessen zu betrachten, was geschieht. Als ich das tat, stellte ich fest, dass ich diese Zeiten der Prüfung von Mal zu Mal etwas schneller hinter mir lassen konnte. Was früher Monate oder sogar Jahre gedauert haben mochte, dauerte nun Wochen oder Tage. Ich musste nicht mehr lange in der Dunkelheit schmoren.

Während dieser dunklen Zeiten hörte ich nicht auf, die Situation anzuschauen und mir zu sagen: »Jetzt gehe ich durch die dunkle Nacht der Seele.« Ich empfand mich selbst als völlig entblößt. Es schien, als habe Gott mich verlassen und als stünde ich völlig verwaist da.

Wie bin ich durch solche Zeiten hindurchgekommen? Mit Gebeten und durch Meditation. In diesen dunklen Zeiten war es sehr schwierig, den Wald vor lauter Bäumen zu sehen, und ohne Gebet und Meditation hätte ich es überhaupt nicht geschafft.

Einheit und Ganzheit

Nachdem ich geprüft und versucht worden war, bis ich das Gefühl hatte, nicht mehr zu können, erreichte ich einen Punkt, an dem ich mehr als alles andere wünschte, ein ganzer Mensch zu sein. Ich wollte mich nicht länger bei jemand anderem anlehnen oder eine Hälfte des Ganzen sein. Ich wollte in meinem eigenen Licht stehen und nicht mehr im Schatten eines anderen. Ich wollte die weiblichen und männlichen Energien in meinem eigenen Wesen erkennen. Aber ich wollte nicht selbst-genügsam sein. Ich wollte gott-genügsam sein. Schließlich gelangte ich zu der tiefen Erkenntnis: »Es gibt keine Trennung, ich und mein Vater sind eins.«

Gott und die Führung gab es plötzlich nicht mehr. Ich bin die Führung. Gott ist in meinem Innern. Wir sind eins.

Der Samen

Die Meditation

Schließe die Augen und atme ein paarmal ganz tief durch. Fühle, wie du dich entspannst … entspannst … entspannst.

Visualisiere dich selbst als kleines Samenkorn … Versuche dich in den Samen einzufühlen. Wie fühlt sich das an? … Welche Farbe hast du? Welche Form? … Hast du eine Ahnung, zu welcher Blume, welchem Gemüse, welchem Baum oder welchem Unkraut du heranwachsen wirst? … Je tiefer du gehst, desto realer wirst du dich fühlen. Du bist der Samen …

Fühle jetzt, wie du in die Erde gepflanzt wirst. Vielleicht wirst du tief in den Boden gepflanzt, vielleicht sehr knapp unter die Oberfläche. Spüre wieder nach, was dir geschieht … Wie fühlt es sich an, da im Dunkeln zu liegen? Liegst du bequem? … Hast du Angst? … Fühlst du dich einsam? … Nimm dir Zeit, mit dir selbst als Samenkorn in Kontakt zu kommen …

Stell dir jetzt vor, dass Veränderungen in dir vor sich gehen … Die Schale um dich herum ist aufgebrochen. Bewegung wird spürbar … Du bist immer noch in der dunklen, warmen Erde und fühlst, wie deine Wurzeln tiefer und tiefer in den Boden wachsen. Wie fühlst du dich? … Hast du Angst, dass du dazu verdammt bist, in der Dunkelheit zu bleiben – stecken zu bleiben? … Bist du froh, hier zu sein? …

Jetzt fühlst du, wie etwas aus einem anderen Teil von dir nach außen drängt. Aber es ist so dunkel. Du hast keine Ahnung, was passiert. Du weißt nur, dass sich etwas in dir bewegt … Du drückst nach oben … dann plopp! Du hast den Boden durchstoßen … Du bist ein sehr kleiner gelber Sprössling … Du schaust dich um … Alles scheint so groß … Du siehst andere, die aussehen wie du … Was geschieht? …

Etwas fühlt sich warm an … Es ist die Sonne, aber das weißt du noch nicht … Es fühlt sich gut an … Sanft beginnt der Regen zu fallen. Du fühlst dich genährt und umsorgt … Du wächst … Du schaust dich um und kannst mehr von der Welt um dich herum erkennen … Das Leben ist gut … Es ist schön, im Licht zu sein und sich aufwärts zu bewegen …

Dann kommt eine schwierige Zeit. Du hast Durst, du brauchst etwas zu trinken. Doch es gibt keinen Regen, der deinen Durst löschen könnte. Du beginnst zu welken … Das Leben ist wirklich nicht lebenswert … Hier bist du nun, ein wunderschönes, wachsendes Etwas, aber du hast keine Kraft in dir, du stirbst … Dann fühlst du, wie etwas passiert … Wasser wird auf dich herabgetröpfelt … Du erhebst dich … Das Leben beginnt wieder sich gut anzufühlen und du wächst weiter … bewegst dich höher und höher in das Licht hinein … erfüllst deine Bestimmung …

Darum geht es im Leben: Wachstum, Veränderung und schwierige Zeiten, die dich stärken, während du sie durchlebst – in dem Vertrauen und in dem Glauben, dass eine unsichtbare Macht dich umsorgt, in der tiefen inneren Gewissheit, dass du Reife erlangen wirst, dass du aus einem bestimmten Grund und zu einem bestimmten Zweck hier bist.

Bringe deine Aufmerksamkeit jetzt allmählich in den Raum und in deinen Körper zurück. Atme ein paarmal tief durch und streck dich.

Kommentar

Ich persönlich fühle mich wie ein kleines Samenkorn, das sehr tief in die warme, dunkle Erde gepflanzt wurde und das sehr lange darin gelegen hat. Ich war eines von den Samenkörnern, die eine Ewigkeit brauchen, bis sie keimen. Wir sind alle verschieden.

Dann kam die Zeit, in der meine äußere Hülle aufgesprungen ist. Und in meinem Innern passierte etwas. Ich war sehr bestürzt. Ich begann eine Stimme zu hören und seltsame Dinge zu sehen. Ich wusste nicht, was das alles zu bedeuten hatte. Ich schien tiefer und tiefer in die Dunkelheit hineinzugehen. Ich verstand nicht, dass es meine Wurzeln waren, meine Basis, die sich vertiefte. Das alles war sehr beängstigend. Sollte ich etwa für den Rest meines Lebens in der Dunkelheit bleiben?

Dann wurde ich auf andere seltsame Vorgänge in mir aufmerksam. Es schien, als ginge ich nicht weiter und weiter in die Dunkelheit hinein. Etwas in mir begann nach oben zu drängen. Ich fühlte mich gut, als dies geschah. Plötzlich stieß ich auf etwas Hartes und konnte mich nicht daran vorbeibewegen. Tief in mir war der Drang weiterzugehen, mich nach oben zu pressen. Mit größter Anstrengung bewegte ich mich weiter aufwärts. Plopp! Ich war im Licht. Es war so aufregend. Ich dachte, jetzt, wo ich im Licht war, hätte ich mein Ziel erreicht. Doch das war erst der Anfang.

Wie können Glaube und Vertrauen wachsen? Nicht indem wir dasitzen und darauf warten, dass uns alles in den Schoß fällt, weil wir das Gefühl haben, dass jetzt, wo wir im Licht sind, alles glattgehen und das Leben leicht sein wird. Wir müssen unsere geistige Arbeit zu jeder Zeit tun.

Wir alle haben einen freien Willen. Wir können Entscheidungen treffen. Oft kommt die größte Herausforderung gerade in dem Moment, in dem alles gut geht. Wir denken vielleicht: »Warum sollte ich mich anstrengen, um mit meinem Höheren Selbst in Kontakt zu kommen? Ich bin in Ordnung. Ich kann es allein. Ich brauche nicht zu beten, ich brauche nicht zu meditieren. Ich muss mir keine Zeit nehmen, um still zu sein und nach innen zu gehen.« Es fällt so leicht zu sagen: »Lass mich in Ruhe, mit mir ist alles in Ordnung.«

Und was passiert dann? Du triffst auf ein großes Hindernis in deinem Leben. Du kommst nicht drumherum oder darüber hinweg, geschweige denn darunter durch. Du steckst fest. Dein Glaube, deine Überzeugungen und dein Vertrauen sind erschüttert und du fällst in ein tiefes Loch. Du versuchst aufzustehen, aber du hast keine Kraft dazu. Du hast versagt. Dein Leben ist in Unordnung. Selbstmitleid befällt dich und du suhlst dich darin. Du hast die Nase voll.

Ja, so ist es mir ergangen, wann immer ich versucht habe, allein zu gehen, ohne Gottes Hilfe, weil ich dachte, dass gerade alles so gut läuft. Eine der wichtigsten Lektionen, die ich daraus gelernt habe, ist, keine Zeit und Energie mit Selbstmitleid zu verschwenden. Ich richte mich nach einer Weisung, die mir in der Meditation gegeben wurde: »Keine Selbstverdammung, keine Selbstverurteilung! Vergib dir selbst und geh weiter. Es gibt so viel zu tun.« Das hilft mir, wann immer ich auf die Nase falle. Das ist es, was mich aus dem Dreck zieht und wieder auf den Weg bringt. Versuchen Sie es, wenn Sie das nächste Mal auf die Nase fallen und versucht sind, sich dem Zeit- und Energieverschwender Selbstmitleid zu überlassen. Es lohnt sich.

Denken Sie daran: Leben ist in erster Linie Wachstum und Veränderung. Es gibt leichte Zeiten und schwere. Hören Sie nicht auf,

Ihre innere Arbeit zu tun, damit Sie Ihre Verbindung mit Gott immer spüren können.

Transformation

Verändern Sie sich, indem Sie Ihren Geist erneuern, Ihre Art zu denken verändern. Veränderung! Verwandlung! Entwicklung! Das ist es, was geschieht – widersetzen Sie sich nicht. Es kommt, wie es kommen muss, denn das ist Entwicklung ,und ohne Entwicklung würde alles stagnieren und sterben.

In der Natur gibt es weder Anstrengung noch Stress. Ein Samenkorn durchläuft einen vollen Zyklus. Es braucht gar nichts zu tun. Es lässt nur zu, dass alles geschieht. Schauen Sie sich die Verwandlungen in der Natur an. Sie sind überall. Sie brauchen nur die Augen zu öffnen, um sie zu sehen. Warum wollen Sie sich nicht in einen wunderschönen Schmetterling verwandeln? Kommen Sie heraus aus dieser braunen Puppe, heraus aus dieser Enge, heraus aus den Begrenzungen Ihrer Vorstellungen und Überzeugungen. Zerreißen Sie die Fesseln, die Sie festhalten. Öffnen Sie das Schleusentor und lassen Sie dem Fluss freien Lauf. Etwas wartet darauf zu geschehen, wenn Sie es zulassen.

Wenn eine Schlange ihre Haut wechselt, windet sie sich langsam aus der alten heraus und lässt sie zurück, damit sie verrottet und sich auflöst. Wenn ein Krebs größer wird, wächst er aus seinem Gehäuse heraus und bildet ein größeres und schöneres. Ein Vogel bricht aus seinem Ei hervor und kommt völlig verwandelt ans Tageslicht. Er ist nicht länger unfähig, sich zu bewegen, sondern breitet seine Flügel aus und lernt fliegen. Er ist frei, frei, frei.

Das ist es, was auch mit Ihnen geschieht. Eine neue Freiheit, eine neue Freude, eine ganz neue Welt wartet darauf, sich Ihnen zu öffnen, wenn Sie bereit sind, sich von alten, begrenzenden Mustern, Vorstellungen und Gedanken zu trennen und verwandelt zu werden. Sie können es tun – und Sie tun es. Es fängt an zu geschehen. Sie wachsen aus dem Alten heraus. Es kann Sie nicht länger halten. Tag für Tag erweitern Sie Ihr Bewusstsein und lassen das Alte zurück. Sie sind nicht mehr erdgebunden. Ihre Flügel werden immer kräftiger, sodass Sie in große Höhen fliegen und sich in neuen Dimensionen frei bewegen können. Der geistige Pfad wird ein ganz natürlicher Weg für Sie werden – ein Weg, auf dem Sie leben, sich bewegen und Ihr ganzes Wesen verwandeln lassen können.

Während Sie sich befreien und in das Neue hineinbewegen, werden Sie Inspirationen und Offenbarungen erhalten und alles wird sich entfalten. Nehmen Sie diese wundervolle Freiheit mit vollem Bewusstsein wahr. Sie ist für alle da, die dazu erwachen, sie erkennen und annehmen. Die Menschheit hat zu lange geschlafen. Jetzt ist es an der Zeit, aus dem Schlaf zu erwachen, das Neue zu schauen und zu erkennen, dass wir alle Teil dieses wundervollen Ganzen sind. Wir sind nicht länger von Gott getrennt. Wir sind Eins. Die Frage ist nur, ob wir dieses Wunder annehmen können. Können wir akzeptieren, dass wir eins sind mit allem Leben, mit der ganzen Schöpfung? Können wir Gottes Liebe aus uns heraussprudeln fühlen wie eine Quelle, die größer und größer wird, bis sie zu einem mächtigen Fluss angewachsen ist, der schließlich eins wird mit dem Ozean, der Einheit all dessen, was ist?

Du schaffst es

Seien Sie gewiss, dass Sie dafür geschaffen sind, Erfolg zu haben. Erlauben Sie Ihrem Geist niemals, sich auf der negativen Seite der Situation aufzuhalten.

Warten Sie nicht darauf, dass die Dinge von selbst geschehen, sondern bewirken Sie sie mit der Hilfe Gottes. Denken, sprechen und handeln Sie bejahend, und die Gegenwart Gottes wird Sie unterstützen.

Üben Sie sich in der Erkenntnis, dass nichts außerhalb Ihrer selbst die Macht hat, Sie zu verletzen. Erinnern Sie sich daran, dass Sie es immer mit Ihren Gedanken zu tun haben und nicht mit Dingen. Prüfen Sie Ihre Gedanken und richten Sie sie stets auf das Gute.

Betrachten Sie Herausforderungen, schwierige Menschen und ungünstige Verhältnisse aus der unpersönlichen Distanz. Vermeiden Sie Miesmacherei, Selbstmitleid und Bedauern. Hören Sie auf, unverhältnismäßig stark auf das zu reagieren, was Ihnen widerfährt. Seien Sie nicht zu ernst. Lernen Sie, über sich selbst zu lachen.

Geben Sie dem, was andere über Sie denken und sagen, keine Macht. Denken Sie vor allem abends, wenn Sie sich zur Ruhe begeben, nicht an Ihre Sorgen und Kümmernisse.

Sorgen Sie dafür, dass Ihr ganzes Leben ein Dienst an Gott ist. Haben Sie alles im Griff und bleiben Sie Ihr eigener Herr. Achten Sie auf sich und denken Sie an sich selbst, während Sie in Gott weilen. Finden Sie die rechte Balance zwischen sich selbst und anderen Menschen.

Seien Sie gewiss, dass Sie für die Welt wichtig sind und dass es eine Nische gibt, die nur Sie füllen können. Wenn Sie einen Setzling in die Erde pflanzen, schützen Sie ihn, indem Sie einen Zaun herum ziehen. Wenn Sie Setzlinge in Ihren Geist pflanzen, ziehen Sie einen mentalen Zaun herum, der sie vor Kümmernissen, Sorgen und störenden Gedanken schützt. Isolieren Sie Ihre geistigen Samen, bis Ihr Unterbewusstes sie annimmt und sie zu keimen und zu wachsen beginnen.

Meditation

Meditation ist wie das Drehen eines Tongefäßes. Man nimmt den Ton in die Hand und legt ihn ins Zentrum der Töpferscheibe. Während man den Ton auf der Scheibe in eine Form bringt, bleibt er im Zentrum unbewegt. Ebenso ist es zu Beginn der Meditation wichtig, ruhig und entspannt zu werden, damit man das stille Zentrum in sich selbst finden kann.

Zu Anfang möchten Sie es vielleicht mit ein paar tiefen Atemzügen versuchen. Sie können sich auch entspannen, indem Sie die Hände ein paarmal zusammenpressen und wieder entspannen, während Sie tief atmen. Finden Sie eine bequeme Sitzhaltung, damit Sie ruhig werden und Ihren Körper vergessen können. Wenn Sie sich nicht wohlfühlen, werden Sie niemals in der Lage sein, den Pol der Ruhe zu erreichen und zu meditieren.

Wann immer ich es schwierig finde, meinen Geist zu beruhigen – und es gibt Zeiten, in denen meine Gedanken wie eine Libelle umherschwirren – gebrauche ich die Affirmation »Sei ruhig!«, bis mein ganzes Wesen still geworden ist. Manchmal beginne ich mit offenen Augen und konzentriere mich auf die Flamme einer Kerze oder auf eine Blume in der Mitte des Raumes. Meditation schafft eine gute und nahe Beziehung zu Gott, die damit beginnt, dass man still sein lernt. In der Stille erfahren wir die Gegenwart Gottes.

Schaffen Sie dann sich selbst aus dem Weg. Sie werden merken, dass Sie sich selbst vergessen, wenn Sie sich lange genug auf etwas konzentrieren. Sie können beispielsweise einen Strom weißen oder blauen Lichtes visualisieren, der sich in die Mitte Ihrer Stirn ergießt. Wenn Sie Klänge vorziehen, können Sie »OM« ertönen lassen oder ein Lied singen. Tun Sie, was immer Ihnen beliebt, besonders wenn Sie allein meditieren. Strengen Sie sich nicht zu sehr an. Sie werden merken, dass das zu nichts führt. Führen Sie

Ihren Geist auf sanfte Weise in die Konzentration. Fixieren Sie ihn auf eine Sache.

Wenn Sie Ihren Geist erst einmal auf einen einzigen Punkt gerichtet haben, wird er zu einer enormen Kraft.

Sie werden herausfinden, dass Disziplin und Übung Ihren Geist stärken und eindeutig werden lassen. Mit dieser Kraft können Sie Ihren Geist meistern und ihn zu Ihrem Diener machen, statt sein Diener zu sein.

Meditation heißt, nach innen zu gehen. Wir gehen von unserem bewussten Geist aus durch unser Unbewusstes hindurch in die Erfahrung der reinen Wahrheit Gottes. Versuchen Sie sich nicht zu stark an eine bestimmte Meditationstechnik zu halten, denn wenn Sie das tun, erreichen Sie Ihr Ziel möglicherweise nie. Inspiration und Einheit mit Gott, dem Heiligtum im Inneren, der Quelle, dem universellen Geist. Handhaben Sie alles ganz entspannt und ohne äußeren Druck.

Erlauben Sie niemals der Angst, ins Spiel zu kommen, denn Sie blockiert Ihren Kontakt. Seien Sie mutig und standhaft und lassen Sie Ihr ganzes Leben von Gott führen.

Lassen Sie die universelle kosmische Energie – Gott – schließlich durch sich hindurchfließen. Wenn Sie das tun, werden Sie ein klares, entspanntes Gewahrsein in sich verspüren. Sie fühlen sich dann sehr lebendig, oder als ob Sie schwebten, oder als Teil des ganzen kosmischen Ozeans oder Universums. Lassen Sie einfach zu, was immer Sie auch fühlen, und versuchen Sie nicht, es zu unterdrücken.

Still sein und hören

Nehmen Sie sich Zeit, um still zu werden und auf all die wundervollen Klänge um sich herum zu lauschen. Genießen Sie sie vollends und danken Sie dafür, dass Sie Ohren haben, sie zu hören.

Wie oft halten Sie inne und hören auf die vielen inneren und äußeren Klänge? Stehen Sie jemals still, lauschen und zählen, wie viele verschiedene Töne Sie hören können? Das kann Sie feinfühliger machen, achtsamer und bewusster. Versuchen Sie es.

Wenn Sie es ausprobiert haben und sich des Lebens überall um sich herum stärker bewusst geworden sind, können Sie versuchen auf die inneren, »unantastbaren« Klänge zu hören, die nur in absoluter Stille vernommen werden, in der Stille, die über das Verstehen hinausgeht. Das passiert, wenn Sie auf die geistige Welt eingestimmt sind, auf die Dinge, die im Leben wirklich zählen.

In diesem Zustand des vollkommenen Friedens und der Ruhe verändert sich Ihr ganzes Leben. Eine tiefe innere Gemütsruhe und Heiterkeit strahlen aus Ihrem Innern. In diesem Zustand gibt es keine barschen und schrillen Töne, weil Sie eins werden mit der Gesamtheit des Lebens und vollkommen mit dieser Einheit verschmelzen. Sie fühlen sich erhoben, inspiriert und erhellt, denn Ihr ganzes Sein ist von Gottes heiligem Licht erfüllt und Sie können alles ganz klar sehen. Sie verstehen nicht mit dem Verstand, sondern mit dem höheren Bewusstsein und mit dem Herzen.

Sie sind in der Liebe mit allem Leben und allen Geschöpfen. Sie kennen die Bedeutung des Hasses, der Eifersucht und des Neides nicht. Sie wissen, was es heißt, Ihre Feinde zu lieben, denn Sie stellen fest, dass Sie keine Feinde mehr haben. Ihr Herz hat sich so stark erweitert, dass Sie wissen, wie es ist, mit Gottes Liebe zu lieben. Das Selbst ist völlig vergessen und Ihr Leben ist ein Leben der Liebe und des Dienstes an Ihren Mitmenschen, des Gebens, Gebens, Gebens.

Welche Freude das bringt, unglaubliche Freude! Nur wenn Sie geben, finden Sie diese wunderbare innere Freude und das Glück, das nichts und niemand Ihnen nehmen und das durch nichts getrübt werden kann.

Freude kommt mit dem Dienen und Dienen kommt mit der Hingabe. Widmen Sie ihr Leben Gott und dem Dienst an Gott und fühlen Sie, wie Sie sich ausdehnen, wie Ihr Bewusstsein in einen Zustand erhoben wird, in dem Sie die Bedeutung der Einheit mit der ganzen Schöpfung erkennen.

Zu Anfang mag dieser Bewusstseinszustand nur sehr kurze Zeit andauern, doch jede Sprosse auf der Leiter bringt Sie Ihrem Ziel näher, dem bewussten Gewahrsein Gottes. Klettern Sie weiter und höher und geben Sie niemals auf.

Inneres Hören

Die spirituelle Reise, die Sie angetreten haben, ist eine ganz besondere Reise. Es gibt viele Zeichen am Wegesrand, die Sie leiten. Seien Sie wach für diese Zeichen, während Sie auf dem von Ihnen gewählten Weg voranschreiten.

Achten Sie auf Ihre Gefühle. Sie sind wie Ampeln. Wenn sie positiv sind, machen sie Sie auf das Gute um Sie herum aufmerksam und ermutigen Sie, vertrauensvoll weiterzugehen. Wenn sie negativ sind, bitten sie Sie innezuhalten. Schauen Sie sich aufmerksam um und gehen Sie weiter, wenn sie wieder positiv sind.

Achten Sie auf Ihre Gedanken. Ihre Gedanken schaffen das Muster Ihres Lebens. Beobachten Sie sie genau, um sich zu vergewissern, dass sie in jeder Hinsicht die Gedanken Gottes widerspiegeln. Wenn Sie das Licht Gottes durch Ihre Gedanken scheinen lassen, werden Sie die Güte Gottes in allen Bereichen Ihres Lebens reflektiert finden. Halten Sie Ihre Gedanken auf Gott gerichtet.

Achten Sie auf die Bewegungen Gottes in Ihrem Innern. Hören Sie auf die schwache Stimme, die sanft in der Stille spricht. Auch wenn diese Stimme für Ihre Ohren nicht hörbar ist, werden Sie sie so klar wie irgendeine menschliche Stimme vernehmen, wenn sie zu Ihrem Herzen spricht. Hören Sie aufmerksam zu. Seien Sie in jedem Moment empfänglich und wach für diese Zeichen Gottes. Die Wegweiser werden Sie zu größerem Verständnis Ihrer geistigen Natur führen und Sie auf Ihrer Reise der Erleuchtung durch Gebet und Meditation leiten.

Zuhören

Hören Sie. Hören Sie zu. Um ein guter Zuhörer zu sein, müssen Sie oft hören. Sie müssen still sein und lernen, ruhig zu werden. Sie müssen der Gegenwart Gottes gewahr werden, des Friedens, der über jegliches Verstehen hinausgeht, der Ihr ganzes Sein erfüllt und entfaltet, der Ihr Herz und Ihren Geist beruhigt, damit Sie die noch schwache Stimme in Ihrem Innern mit absoluter Klarheit hören können.

Das mag einem jeden von uns auf andere Weise geschehen. Einige von Ihnen hören vielleicht eine innere Stimme und lernen sie allmählich kennen und lieben – sie ist das Göttliche im Inneren. Anderen mag dieses Göttliche als inspirierter Gedanke oder als Tat entgegenkommen, als tiefe innere Eingebung oder als Traum. Sie werden es erkennen, wenn Sie den Kontakt haben, denn er zeichnet sich durch Liebe, Licht und Weisheit aus. Es gibt keine Vorschriften, nach denen Sie handeln könnten. Jeder wird seinen eigenen Weg finden müssen. Nur Sie können wissen, ob die Stimme oder die Eingebung vom Göttlichen im Inneren kommt oder nicht. Wenn ja, werden Sie vollkommenen Frieden finden, Aufrichtigkeit wird Ihr ganzes Sein erfüllen und Sie werden mit einem von Freude und Liebe erfüllten Herzen reagieren.

Wenn Sie dieser Eingebung oder Stimme folgen, was immer sie auch sagen mag, werden Sie Resultate sehen. Sie werden feststellen, dass sich Ihr Leben zu verändern beginnt, und Sie werden ein Gefühl für die absolute Richtigkeit Ihrer Taten entwickeln. Sie werden nicht länger auf der Schwelle stehen und sich fragen, ob Sie das Richtige tun oder nicht. Sie werden einfach weitergehen und in absolutem Vertrauen handeln, egal wie befremdlich Ihre innere Führung anderen auch erscheinen mag. Lernen Sie, augenblicklich nach Ihrer Eingebung zu handeln, und sehen Sie, wie sich die Ereignisse entfalten.

Gott kann so viel einfacher und schneller in uns und durch uns wirken, wenn wir Gehorsam gelernt haben. Sie werden merken, dass Gottes Weisungen Sie sehr klar erreichen. Nehmen Sie sie an, wie sie kommen, und versuchen Sie nicht, sie zu verwässern, bis sie unkenntlich geworden sind.

Wahrheit ist die Einfachheit selbst. Das kleinste Kind kann Gottes Worte verstehen und ihnen folgen. Gottes Wege mögen befremdlich erscheinen, aber sie sind nicht kompliziert. Einfachheit ist das Markenzeichen Gottes. Versuchen Sie dies zu verstehen und lassen Sie das Leben einfach sein. Wenn die Dinge kompliziert werden, tun Sie ihr Bestes, um die Einfachheit so schnell wie möglich zurückkehren zu lassen. Dann müssen Sie ein guter Zuhörer werden und still sein, bis sich die Wogen wieder glätten, bis Sie wieder in vollkommenem Frieden sind und Licht sehen können, wo nur Dunkelheit war.

Das Gebet

Und was ist mit dem Gebet? Manche Menschen beten nur fünf vor zwölf, nachdem alles andere versagt hat, und sehen das Gebet als eine dringende und verzweifelte Bitte um Hilfe. Für andere ist das Gebet einfach eine stille Meditation. Wieder andere verbinden das Gebet mit der mechanischen Rezitation einer erinnerten (oder abgelesenen) Botschaft, die wenig oder gar keine Bedeutung für den Betenden hat. Noch andere halten das Gebet für ein Mittel der direkten Kommunikation mit Gott.

Welches Verhältnis haben Sie zum Gebet? Welche Bedeutung hat das Gebet für Sie?

Nehmen Sie sich Zeit, dieses kraftvolle Werkzeug zu nutzen, wenn Sie Hilfe brauchen, oder kümmern Sie sich gar nicht um Gebete? Wissen Sie, zu wem Sie beten, wenn Sie beten?

Wir sagen, dass das Gebet das Sprechen zu Gott ist, die Gemeinschaft mit dem höchsten Teil unseres Selbst, dem göttlichen Selbst im Inneren. Meditation ist das Hören auf Gott, der zu uns spricht.

In beiden Fällen handelt es sich um Ortsgespräche, nicht um Ferngespräche. Fühlen Sie sich also völlig frei, beides regelmäßig zu üben!

Worte sind dazu nicht einmal nötig, denn es ist das stille Gebet, das Ihnen die Fülle dieses strahlenden Lebens offenbart, das unser wahres Erbe ist.

Sprechen Sie zu Gott. Hören Sie auf Gott. Sie müssen nicht außerhalb von sich selbst nach Gott suchen. Gott ist immer da und wartet darauf, erkannt zu werden. Erkennen Sie die Einheit jetzt: Gott in Ihnen und Sie in Gott. Rufen Sie Ihr göttliches Selbst zu jeder beliebigen Zeit. Sie werden es immer in sich finden, bereit, Ihnen auf jegliche Art und Weise zu helfen. Versuchen Sie es und entdecken Sie selbst, dass es funktioniert.

In einer Sekunde

Die Zeiten, die ich in der Stille verbracht habe, bedeuten mir so viel. Sie zentrieren mich und geben meinem Leben eine neue Bedeutung. Sie erneuern und erfrischen mich. Ich habe auch herausgefunden, dass ich mein ganzes Bewusstsein innerhalb einer Sekunde von negativ zu positiv umpolen kann. Ich helfe mir mit inständigen Gebeten. Es braucht nur einen Augenblick, um einen positiven, liebevollen, konstruktiven Gedanken zu haben und zu wissen, dass Gott gegenwärtig und in jeder Situation aktiv ist. Ich sehe das Höchste in einem Menschen, wenn ich ihm gegenüberstehe und mit ihm oder ihr spreche. Ich lasse die Liebe aus meinem Herzen fließen und umschließe alles und jeden. Ich tue das bewusst. Auf diese Weise zu leben, ständig in der lebendigen Gegenwart Gottes zu sein und zu arbeiten hat mein Leben völlig verändert.

Liebe dich selbst, das Göttliche in dir

Haben Sie sich jemals hingesetzt, »Ich liebe dich« zu sich selbst gesagt und so viel Gefühl hineingelegt, als meinten Sie es wirklich?

Versuchen Sie es jetzt. Stellen Sie sich nur einmal vor: Wo wären Sie ohne Ihren Geist und Ihren Körper? Beginnen Sie, Liebe für sich selbst zu empfinden. Fühlen Sie, wie diese Liebe Ihren Körper wärmt, während sie buchstäblich durch Sie hindurchstrahlt. Ist das nicht wunderbar?

Sie sind wirklich wichtig. Sagen Sie das Ihrem Geist und Ihrem Körper. Sagen Sie es wieder und wieder. Ja, sagen Sie allen Teilen Ihres Körpers und auch Ihrem bewussten und unbewussten Geist: »Ich liebe dich, ich schätze dich. Zusammen können wir Wunder wirken. Wir brauchen einander.« Wenn der Gedanke an einen anderen Menschen in Ihnen auftaucht, schicken Sie ihm oder ihr ein wenig Liebe mit auf den Weg, doch kehren Sie zu sich selbst zurück mit: »Ich liebe dich, du bist großartig. Du bist mein wichtigster Schatz. Zusammen können wir Wunder wirken.«

Geben Sie beiden, Ihrem Geist und Ihrem Körper, einen Vorschuss. Fangen Sie in der Tat damit an, »wir« zu sagen. Sie werden sehr viel effektiver arbeiten können, weil Ihr Geist (Ihre Seele) und Ihr Verstand zusammenwirken. Ihr Umgang mit Menschen wird sich verändern und die, mit denen Sie zusammenarbeiten, werden den Unterschied merken. Veränderungen werden sich einstellen. Sie werden eine neue Lebendigkeit empfinden und ein liebenswürdiger Teil Ihrer selbst wird zum Vorschein kommen.

Denken Sie auf diese Weise an etwas, das Sie erreicht haben: »Damals haben wir wirklich gute Arbeit geleistet, und wenn uns das einmal gelungen ist, können wir es auch wieder tun. Zusammen sind wir erfolgreich.« Setzen Sie sich täglich einmal oder mehrmals ein paar Minuten lang hin und lieben Sie sich selbst. Wiegen Sie sich selbst mit diesen Gedanken in den Schlaf, um erneuert und erfrischt aufzuwachen.

Ihre Selbstbezogenheit wird verschwinden, während sich Ihr Gewahrsein verändert. Sie werden erkennen, dass nicht Sie es sind, der die Arbeit tut, sondern Gott, der sie durch Sie tut. Ihre Dankbarkeit wird wachsen, während Sie Gott durch sich hindurch wirken lassen. Sie werden in eine neue Ganzheitlichkeit eintreten, und während Sie erhoben werden, werden auch andere erhoben.

Sprechen Sie das folgende Gebet der Dankbarkeit liebevoll und sanft, während Sie es tiefer und tiefer sinken lassen.

Ich danke dir, Gott.
Du bist das Licht, das durch mich scheint und mich umgibt.
Ich danke dir, Gott.
Du bist die Liebe, die durch mich strahlt und mich entfaltet.
Ich danke dir, Gott.
Du bist die Kraft, die das Gute durch mich bewirkt und mich schützt.
Ich danke dir, Gott.
Du bist die Gegenwart, die in mir ist, um mich herum und die über mich wacht.

Gnade

Gnade ist die Eigenschaft Gottes, die immer aktiv ist. Sie ist frei und bedingungslos. Sie kommt auch, wenn Sie nicht darum gebeten haben. Gott gibt sie ohne einen Gedanken an Rückgabe.

Denken Sie jetzt an Gnade als:

Das Auge Gottes, das nur das Gute in Ihnen sieht, auch wenn Ihnen das nicht möglich ist.

Die Hand Gottes, die Ihre Tränen sanft abwischt.

Die Stimme Gottes, die in einsamen Stunden zu Ihnen spricht und Sie zum Dienst an Gott aufruft.

Die Gedanken Gottes, die als wunderbare, kreative Ideen in Ihr Bewusstsein einrieseln.

Das Ohr Gottes, das jedes Gebet hört, wie einfach oder elegant es auch sein mag.

Den Arm Gottes, der Sie liebevoll umfängt, wann immer Sie Trost brauchen.

Das Lächeln Gottes, wenn Sie »Danke« sagen.

Gnade ist das Geschenk Gottes, das Sie so tief berührt, dass es keine Worte gibt, um es zu beschreiben, denn es geht über Worte und Gedanken hinaus. Und doch ist es real – realer als alles, was Sie kennen.

Gottes Gnade ist wahrhaft ausreichend für uns alle.

Ich danke für Gottes wunderwirkende Gnade.

Atem und Liebe

Nehmen Sie sich einen Moment Zeit, um ganz bewusst auf Ihre Atmung zu achten. Atmen Sie aus und ein, ein und aus. Sie tun das ständig – seit Sie angefangen haben zu atmen. Nur haben Sie es vielleicht als selbstverständlich angesehen, weil es so sehr zu Ihnen gehört. Bis ich Sie gerade gebeten hatte, sich einen Moment Zeit zu nehmen und ganz bewusst auf Ihren Atem zu achten, haben Sie jemals daran gedacht?

Mit der Liebe ist es genauso. Vielleicht haben Sie das Gefühl, dass Sie nicht lieben können, oder Sie wissen nicht einmal, was Liebe bedeutet. Vielleicht ist die einzige Art von Liebe, der Sie sich bewusst sind, die bedingte Liebe: »Ich liebe dich, wenn du mich liebst.« Diese Art von Liebe meine ich nicht, ich meine die bedingungslose Liebe, die göttliche Liebe.

Nehmen Sie sich jetzt einen Moment Zeit, um an das Göttliche zu denken. Haben Sie in letzter Zeit überhaupt mal an Gott gedacht? Was bedeutet Ihnen das Göttliche? Wer oder was ist Gott? Denken Sie einen Moment lang darüber nach.

Gott ist Liebe. Gott ist in einem jeden von uns. Gott ist überall und in allem. Wie fühlt sich das an? Das bedeutet, dass Gott – wie Ihr Atem – immer in Ihnen ist. Gott ist Liebe und Gott ist im Inneren. Daher ist auch die Liebe im Inneren. Wir sind uns dessen einfach nicht immer bewusst oder können nicht akzeptieren, dass das wahr ist.

Wenn Sie sich Zeit nehmen, um in die Stille zu gehen, können Sie das Wunder der Tatsache, dass »Gott in mir ist, näher als der Atem, näher als Hände und Füße«, bewusst wahrnehmen. Nehmen Sie sich einen Moment Zeit, um das Wunder dieser Aussage auf sich wirken zu lassen.

Da Gott im Inneren ist, sind Sie voller Liebe. Was für ein wahrhaft schöner Gedanke, welch wundervolles Gefühl. Das gilt für jeden von uns.

Gott ist wie die Sonne. Die Sonne scheint auf jeden herab. Gottes Liebe ist für jeden da, es ist nur eine Frage des bewussten Gewahrseins. Gottes Liebe kennt keine Unterschiede. Sie ist bedingungslos für alle da. Es liegt an uns, offen zu sein und ihrer gewahr zu werden.

Liebe

Gottes Liebe ist immer bei Ihnen, im Zentrum Ihres Seins, aber Sie müssen danach verlangen. Gottes Liebe ist in jeder Schneeflocke, in jedem Vogel, in jedem Baum. Gottes Liebe liebkost Sie im sanften Wind. Gottes Liebe scheint aus den Sternen auf Sie herab. Gottes Liebe segnet Sie durch die Sonne. Gottes Liebe inspiriert die schönen Träume, die Sie träumen, die Träume, an die Sie fast nicht zu glauben wagen. Kein Traum ist zu großartig. Kein Stern ist zu weit. Richten Sie Ihren Blick nach oben und gehen Sie davon aus, dass Ihre liebsten Träume Wirklichkeit werden, und Gottes Liebe wird es so geschehen lassen. Gottes Liebe hält die Atome Ihrer Welt zusammen. Gottes Liebe verbindet die Zellen Ihres Körpers.

Wenn die Dinge falsch zu laufen scheinen, mögen Sie denken, dass Gott Sie verlassen hat. Doch Gottes Liebe ist immer mit Ihnen.

Während Sie die Macht der Liebe kennenlernen, werden Sie aufhören, auf die Fehler Ihrer Brüder und Schwestern zu schauen, und in jedem von ihnen nur das Göttliche sehen, wie immer ihre äußere Erscheinung auch sein mag.

Empfinden Sie Liebe für alle. Fühlen Sie, wie Sie in die ganze Schöpfung verliebt sind, und dass die ganze Schöpfung in Sie verliebt ist. Wenn Sie wirklich für alles Liebe empfinden können, ist es, als sei die Natur in Sie verliebt und käme Ihnen zu Hilfe.

Wenn Sie genug lieben, werden Sie vor allem Unheil geschützt sein, Sie werden alles wissen und alles wird Ihnen gegeben werden. Die Liebe transformiert und verwandelt. Die Liebe lässt eine neue Welt entstehen. Frieden und Liebe gehen Hand in Hand. Schenken Sie allen Ihre Liebe. Nichts Schönes gehört Ihnen wirklich, solange Sie es nicht erfahren haben.

Die Angst auflösen

Angst ist die stärkste Begrenzung, die wir uns selbst und anderen auferlegen können. Angst schneidet uns von der Gemeinschaft mit dem Leben ab. Sie verleugnet die Fülle des Lebens. Die Angst zwingt den Menschen auf die Ebene der Tiere, die ständig Angst um ihr eigenes Überleben haben. Angst ist die Sünde, die uns von Gott trennt. Sie wirkt als Barriere gegen unsere eigene angeborene Göttlichkeit, die Quelle der Liebe, der Freude und des Lebens im menschlichen Herzen.

Liebe ist ein Seinszustand. Man muss nicht darüber sprechen, denn sie drückt sich in Tausenden von kleinen Möglichkeiten aus – in einem Blick, in einer Berührung, in einer Tat. Liebe ist die universelle Sprache, die von allen Menschen verstanden wird, denn sie ist die Sprache der Stille.

Die Liebe ist überall, doch Sie müssen ihrer gewahr sein, um sie wirklich schätzen zu können. Die Luft, die Sie einatmen, ist überall, aber Sie nehmen sie als selbstverständlich hin, solange Sie nicht innehalten und ihrer gewahr werden. Sehen Sie nichts als selbstverständlich an, denn wenn Sie das tun, verschwindet alle Freude und jeder Glanz aus Ihrem Leben. Das Leben ist so spannend und aufregend. Alles hat seine Bedeutung. Es gibt ein Muster und einen Plan, der alles durchdringt. Nichts geschieht zufällig. Erinnern Sie sich immer daran, dass es nichts gibt, was die Liebe auslöschen könnte. Nichts kann sich ihr widersetzen. Vollkommene Liebe vertreibt alle Angst. Liebe löst alle Schuld auf. Die Liebe ist die Triebfeder des Lebens. Es ist die Liebe, die der Welt den Frieden und die Einheit bringen wird. Nichts anderes ist dazu in der Lage. Wo Liebe ist, da ist Frieden.

Den Glauben kultivieren

Manche Leute gebrauchen das Wort »Glaube«, um die religiöse Lehre, der sie folgen, oder die Kirche, der sie angehören, zu bezeichnen. Andere gebrauchen das Wort, um Vertrauen auszudrücken. Wieder andere gebrauchen es, um sich auf ihre Überzeugungen zu beziehen, für die sie keine Beweise haben. Was bedeutet dieses Wort für Sie?

Haben Sie jemals auf andere Menschen geschaut und gewünscht, denselben unerschütterlichen Glauben zu haben wie sie? Jetzt ist es an der Zeit zu erkennen, dass Sie dasselbe Potenzial haben.

Fangen Sie an, auf den Glauben zu bauen, den Sie haben, egal wie klein oder unbeständig er sich anfühlen mag. Während Sie ihn so gebrauchen, wird er wachsen und stärker und stärker werden, bis er felsenfest ist. Sie können über Glauben reden und diskutieren, bis Sie grün im Gesicht werden. Das heißt gar nichts, wenn Sie ihn in der Praxis nicht nutzen. Sie müssen ihn leben, damit er Wirklichkeit werden kann.

Wenn Sie schwimmen lernen wollen, müssen Sie früher oder später Ihre Füße vom Boden nehmen und anfangen, sich durchs Wasser zu bewegen. Dasselbe gilt für den Glauben. Sie müssen damit experimentieren. Versuchen Sie es und finden Sie heraus, ob es funktioniert. Das ist die Essenz des Glaubens und die Art und Weise, wie er stärker wird. Einfach ausgedrückt: Probieren Sie eine Sache aus, wenn Sie lernen wollen, daran zu glauben. Indem Sie das tun, erhalten Sie sich eine positive Einstellung, denn Sie erleben gelegentlich vielleicht einen scheinbaren Misserfolg und stolpern und fallen. Wenn Ihnen das passiert, verlieren Sie nicht den Mut und geben Sie nicht auf. Seien Sie lieber wie ein Kind, das laufen lernt: Lernen Sie die Lektion einfach, indem Sie immer wieder aufstehen und noch einmal von vorn anfangen.

Es ist der Glaube, der Sie ganz macht. Es ist der Glaube, der erhebt, erhellt, transformiert und verwandelt. Es ist der Glaube, der Gottes Hand in allem sieht.

Lassen Sie Ihren Glauben lebendig sein, erhalten Sie sich einen positiven Glauben, den nichts erschüttern oder zerstören kann. Durch den Glauben können Sie Licht dahin bringen, wo kein Licht ist, Liebe, wo keine Liebe ist, Frieden, wo kein Friede ist. Seien Sie gewiss, dass Ihnen durch Ihren Glauben an das Göttliche Selbst in Ihnen nichts unmöglich ist, absolut gar nichts!

Der Glaube überwindet alles

Es gibt keine Eile. Wenn Sie Schwierigkeiten haben, betrachten Sie ihre Überwindung als ein großes Abenteuer. Widerstehen Sie der Versuchung, eine tragische Figur zu sein, dem Selbstmitleid oder

der Entmutigung Raum zu geben. Begegnen Sie Ihren Problemen wie ein Erfinder, der ständig daran arbeitet, Hindernisse zu überwinden, die einer neuen Erfindung im Weg stehen. Es gibt einen Ausweg aus jeder schwierigen Situation. Dieser Ausweg ergibt sich daraus, dass Sie Ihr Bewusstsein durch Gebet und Meditation verwandeln. Wenn es Ihnen gelingt, Ihr Bewusstsein zu erhöhen, wird Ihnen all das Gute gehören, das Sie sich nur wünschen können. Niemand kann Sie hindern, das zu tun, wenn Sie es wirklich möchten. Nichts kann Sie davon abhalten, Ihr eigenes Bewusstsein neu aufzubauen. Und in diesem Wiederaufbau besteht das große Abenteuer.

Hier ist eine Affirmation, die ich empfehlen kann:

Ich bin in Harmonie mit dem Leben
und auf Veränderung eingestimmt.

Vergebung

Indem ich anderen vergebe, gebe ich mir selbst etwas: lebensfördernde Gedanken, Gefühle und Worte, die mich nähren. So gelingt mir der Durchbruch durch die Dunkelheit der Missverständnisse in das Licht der Wahrheit.

Möglicherweise bin ich nicht davon überzeugt, dass der andere meine Vergebung verdient hat, aber ich weiß, dass ich die Last loswerden möchte, die immer schwerer wird, je länger ich mich weigere zu vergeben. Ich kann einem Menschen vergeben und all meine Liebe und Aufmerksamkeit darauf konzentrieren, unsere Beziehung zu heilen. Und selbst wenn die Beziehung zu Ende geht, vergebe ich, denn ich möchte nicht, dass einer von uns Gefühle des

Verletztseins mit in ein neues Leben nimmt. Wunderbare Dinge geschehen, wenn ich mir selbst und anderen vergebe. Ich gebe und bekomme eine Chance, es das nächste Mal besser zu machen. Ich bin frei von Schuld oder Furcht, die mich vielleicht davon abhalten würden, mein Ziel zu erreichen.

Einssein mit Gott

Wir leben in Gottes Gegenwart und Gottes Gegenwart lebt in uns. Weil wir für immer mit Gottes Gegenwart vereint sind, sind wir für immer mit der göttlichen Liebe vereint. Wir sind für immer eins mit dem göttlichen Leben.

Wir ruhen und entspannen uns in der Erkenntnis, dass wir in Gottes Gegenwart leben. Es gibt nichts zu befürchten, denn Gott ist mit uns. Es gibt keine Gegebenheit, die Gottes Macht zu heilen übersteigt. Es gibt keine Disharmonie, die über Gottes Macht zu segnen und zu verwandeln hinausginge.

Gerade in diesem Moment erfüllt und entfaltet uns Gottes Gegenwart. Wir sind niemals allein. Wir sind immer eins mit dem göttlichen Leben, mit Licht, Frieden und seiner Kraft. Gott heilt uns *jetzt*. Gott segnet uns *jetzt*. Gott führt, inspiriert und segnet uns *jetzt*.

Wir leben in Gottes Gegenwart und Gottes Gegenwart lebt in uns. Wir sind für immer eins mit Gott. Alles ist gut und unser Weg ist geebnet und geordnet.

Die Geburt des Neuen

Bevor etwas Neues geboren wird, geht es in die Dunkelheit, um zu keimen. Nehmen Sie ein Samenkorn. Solange es in der Samentüte bleibt, schläft es. Doch nachdem es aus der Tüte genommen und in die Dunkelheit, in die Erde, gesetzt wurde, beginnt es sich zu verändern. Es keimt und fängt an zu wachsen und sich auszudehnen. Manche Samen brauchen länger als andere, um zu keimen. Ich muss mir Zeit nehmen, um mir anzuschauen, was mit mir geschieht. Ich bin wie ein Samenkorn. Ich bin in die Dunkelheit gegangen, damit ich wachsen und mich verändern kann.

Anstatt in eine Depression zu verfallen, weil ich im Dunkeln bin, kann ich meinen Zustand als Teil eines wunderbaren Plans ansehen, als Zeit des Wachstums, der Veränderung, der Bewegung. All das geschieht in der Dunkelheit. Da gibt es nichts, wovor ich Angst haben müsste. Ich muss einfach nur akzeptieren, dass dies eine Phase ist, durch die ich hindurchgehe, und mit allem mitfließen.

Wenn ich das Gefühl habe, dass dieser Zustand länger dauert, als er dauern sollte, sollte ich nicht deprimiert sein und darüber verzweifeln, sondern gewiss sein, dass sich im Inneren viel verändert, in der Dunkelheit. Dann sollte ich sehr geduldig sein und auf Gottes Zeit der Erfüllung warten.

Ich akzeptiere alles, was geschieht, als Lektion, die ich zu lernen habe. Dies ist eine Lektion, die genutzt werden kann, um vielen, vielen Menschen zu helfen, indem ihnen offenbart wird, dass die Zeit der Dunkelheit, durch die sie gehen, als eine ganz besondere Zeit in ihrem Leben genutzt werden kann und sie der Depression und Verzweiflung nicht erlauben sollten, sie in den Sumpf zu ziehen. Viele wundervolle Veränderungen finden in der Dunkelheit statt. Ich hatte Angst, als ich zum ersten Mal in die Dunkelheit ging, weil ich das Gefühl hatte, alles verloren zu haben und den Wald vor lauter Bäumen nicht zu sehen.

Ich bin im Frieden. Ich sehe den schmalen Pfad vor mir im Wald und folge ihm. Während ich das tue, sehe ich nicht nur all die schönen Bäume, den Wald, sondern auch die ganze Schönheit der Natur überall um mich herum. Vorher war ich blind, jetzt bin ich sehend, und sehend danke ich für alles.

Das Beschneiden

Ich sah, wie jemand seine Obstbäume beschnitt, und hatte das Gefühl, dass er all diese unwichtigen Zweige auf sehr rücksichtslose Art entfernte. Plötzlich fiel mir auf, dass das genau dasselbe war, was mit mir geschah. All die unwichtigen Teile von mir wurden abgeschnitten, damit ich zur rechten Zeit in der Lage sein würde, eine Fülle geistiger Früchte hervorzubringen, um vielen Menschen zu helfen.

Die Raupe und der Schmetterling

Ich sah mich selbst als Raupe. Alles, was mir vor die Nase kam, fraß ich. Die materiellen Dinge des Lebens bedeuteten mir so viel. Dann begann sich tief in mir etwas zu regen: ein göttliches Missfallen und eine Unzufriedenheit mit allem, was um mich herum geschah. Ich wollte mich verändern und anders sein. Das war, als ich durch die Larven- oder Puppenphase ging und viel Zeit im Gebet und in der Meditation verbrachte, in der Stille. Es war eine Zeit der Dunkelheit, eine Zeit des Verweilens im Inneren.

Dann kam der Tag, an dem sich der Vielfraß danach sehnte,

mehr zu werden, sich erneut zu verändern, sich aus seinem beengten Raum und aus der Dunkelheit hinauszubewegen ins Licht, um ein Schmetterling zu werden. Die Zeit der Zurückgezogenheit und der Isolation war zu Ende. Ich begann mich zu drehen und zu winden, bis meine Schale zerbrach und ich herausfiel – ins Licht, in den Sonnenschein.

Am Anfang waren meine Flügel zusammengeklebt, doch die Wärme der Sonne trocknete sie bald und ich schüttelte sie aus und begann zu fliegen. Ich war frei, frei, frei! Ich erlebte die Freiheit und Freude des Geistes. Das Leben war voller Freude und Harmonie, voller Liebe und Licht. Ich erkannte, dass ich aus einem bestimmten Grund hier auf diesem Planeten war.

Als ich fragte, was ich hier zu tun habe, wurde mir aus dem Inneren gesagt, dass ich Gott und der Menschheit dienen solle. Ich fragte, wie ich das tun könne, und mir wurde gesagt, ich solle Gott bei allem an die erste Stelle setzen und ihm zu jeder Zeit die Ehre und den Ruhm geben. Es sei meine Aufgabe, die Menschen nach innen zu wenden, damit sie ihre innere Göttlichkeit finden, und sie zu ermutigen, sich aus diesem göttlichen Zentrum heraus zu bewegen, zu leben und zu sein. Ich solle den Menschen dienen, indem ich ihnen zeige, dass sie göttliche Wesen sind. Es sei an mir, auf der ganzen Welt die Samen der Liebe zu säen; zu sein, was Gott ist; ein Leben zu leben und zu wissen, dass alles sehr, sehr gut ist und sich vollkommen entfaltet.

Das tue ich. Und das Leben ist so wundervoll und so aufregend. Ich erkenne, dass dem allem wirklich ein Plan zugrunde liegt, und mein Herz fließt über vor Lob, Liebe und Dankbarkeit für alles, was geschieht.

Gefühle wahrnehmen

Fühlen Sie, was sie fühlen. Das scheint eine so natürliche Sache zu sein, und doch halten viele von uns ihre Gefühle zurück. Vielleicht wurden wir für unsere Gefühle kritisiert, als wir Kinder waren. Vielleicht haben wir Angst, dass wir davon überschwemmt werden und die Kontrolle verlieren.

Es gibt einen besseren Weg, mit Gefühlen umzugehen. Er gründet auf einer universellen Regel über Gefühle. Wenn Sie Gefühle zulassen, verschwinden sie. Je mehr Sie Ihnen widerstehen, desto anhaltender sind sie.

Es gibt keine guten oder schlechten Gefühle. Ein Gefühl ist nur ein Gefühl. Die sogenannten negativen Gefühle – Wut, Angst, Schmerz, Trauer, Kummer und Verzweiflung – sind nicht schlecht oder schädlich. Nur weil wir sie nicht annehmen wollen, bezeichnen wir sie als schlecht.

Wenn Sie damit experimentieren möchten, nehmen Sie sich ein paar Minuten Zeit, in denen Sie allein sein können. Setzen Sie sich hin und schließen Sie die Augen. Entspannen Sie sich und lassen Sie irgendwelche alten Gefühle an die Oberfläche kommen. Während Sie sich Ihren Gefühlen zuwenden, beobachten Sie, wie sie zerschmelzen. Wenn Unangenehmes hochkommt, benutzen Sie Ihren Schmerz als Meditation. Atmen Sie in den Schmerz hinein. Geben Sie sich ihm hin und beobachten Sie, wie er sich verändert.

Während Sie durch diesen Prozess gehen und blockierte Gefühle aus der Vergangenheit loslassen, werden Sie feststellen, dass sich Ihr Körper und Ihr Geist viel lebendiger anfühlen. Weil Sie keine Energie aufwenden, um den Schmerz abzutöten, werden Sie sich lebendiger fühlen als je zuvor, und die kreative Kraft wird deutlich klarer und freier durch Sie hindurchfließen.

Hier ein paar Affirmationen, die Sie vielleicht benutzen möchten:

Alle meine Gefühle sind wertvoll.
Ich fühle mich gut, wenn ich fühle.
Ich bin in Sicherheit, wenn ich meine Gefühle zulasse.
Meine Gefühle geben mir Vitalität, Energie und Kraft.
Ich gehe freudig auf meine Gefühle zu und weiß,
dass sie meine Freunde sind.

Gefühle sind wie Wellen. Beobachten Sie, wie sie kommen und gehen im weiten Ozean des Lebens.

Positiv denken

Möchten Sie sich wirklich verändern? Möchten Sie wirklich ein freudiges, reiches und glanzvolles Leben führen? Sind Sie bereit, ein Experiment an sich selbst zu versuchen? Dann empfehle ich Ihnen: Denken Sie eine ganze Woche lang nur positive, konstruktive, optimistische, kreative, freundliche und liebende Gedanken. Beobachten Sie Ihr Denken, und wenn Sie einen negativen Gedanken erwischen, gehen Sie ihm nicht weiter nach, geben Sie ihm keine Lebenskraft. Denken Sie einfach an etwas anderes.

Wenn Sie merken, dass Sie kritisch, beurteilend, deprimiert, enttäuscht, betrübt oder verärgert sind oder trübe Gedanken über Krankheit und Unfälle hegen, die Sie oder andere ereilen könnten, wenn Sie also in der Tat einschränkende oder pessimistische Gedanken kultivieren, bleiben Sie nicht dabei, sondern denken Sie an etwas Gutes und Positives. Das ist manchmal leichter gesagt als getan. Aber wenn Sie in der Lage sind, von einem negativen Gedanken auf einen positiven umzuschalten, werden Sie feststellen, dass dies Ihr ganzes Leben verändert.

Das bedeutet, dass Sie immer sehr aufmerksam sein müssen, sehr achtsam. Es gibt so viel Negativität in den Zeitungen, im Fernsehen und im Radio. Achten Sie darauf, dass Sie nicht in diese Negativität hineingezogen werden und daran teilhaben. Halten Sie lieber nach dem Guten in allem Ausschau.

Nehmen wir an, Sie befinden sich in der Gesellschaft eines Menschen, der negativ und kritisch etwas oder jemandem gegenüber eingestellt ist. Sie müssen ihn nicht belehren oder wegen seiner Negativität zur Rede stellen. Lassen Sie diese Negativität einfach von sich abgleiten – wie Wasser vom Rücken einer Ente. Sie müssen keinen Kommentar dazu abgeben. Denken Sie einfach an etwas anderes. Ihre Gedanken gehören Ihnen und Sie sind der Meister Ihrer Gedanken. Denken Sie daran: Wie Sie denken, so sind Sie, und was Sie denken, bringen Sie hervor. Wenn Sie also liebevolle, positive, konstruktive Gedanken hegen, leben Sie ein freudvolles, harmonisches Leben und das zieht andere an wie Honig die Bienen.

Wenn Sie sich weigern, sich von den Schwierigkeiten überwältigen zu lassen, die Ihnen im täglichen Leben begegnen, oder sie überhaupt als Probleme anzusehen, werden Sie sie überwinden, ohne davon in irgendeiner Weise berührt zu werden. Leben Sie Ihr Leben einfach weiter und versichern Sie sich in jeder negativen Situation, mit der Sie konfrontiert sind: »Nichts von alledem berührt mich.« Seien Sie dann gewiss, dass alles gut ausgehen wird.

Wenn Sie wissen, dass Sie ein Meister Ihres Denkens sind, können Sie negative Gedanken, die Ihnen entgegengeworfen werden, als Bumerang sehen, der geradewegs zu dem zurückfliegt, der ihn geworfen hat. Sie müssen den betreffenden Menschen nicht grob zurückweisen, nehmen Sie seine Negativität einfach nicht an. Was in Ihrem Geist vor sich geht, kann die Situation mehr verändern als jede Diskussion, jeder Streit und jede Moralpredigt. Es kommt einzig und allein darauf an, wie Sie auf die Situation reagieren.

Ich weiß, welche Wirkung diese Übung in positivem Denken

auf mein Leben hat. Wenn ich beispielsweise in der Aufbauphase von Findhorn irgendeine außergewöhnliche Weisung erhielt und sie Peter mitteilte, setzte er sie sofort in die Tat um und ich blieb zitternd vor Angst zurück. Ich öffnete dem Zweifel Tür und Tor. Peter sagte, er habe das Gefühl, dass ich etwas über positives Denken lernen müsse. Dann würde ich aufhören, mich selbst und die Führung, die ich erhielt, in Zweifel zu ziehen. Also saß ich jeden Abend eine Stunde lang am Fenster in Dorothys Zimmerchen und arbeitete mit Affirmationen (obwohl ich sie damals noch nicht so nannte). Es waren positive, konstruktive, liebevolle Aussagen wie »Ich bin Liebe« oder »Ich bin Kraft« oder »Ich bin Vertrauen«. Ich habe sie laut ausgesprochen, wieder und wieder, während ich mich fragte, was in aller Welt ich da tat. Es schossen mir Gedanken durch den Kopf wie »Wenn jetzt jemand am Fenster vorbeikommt und mich mit mir selbst reden hört, was mag der wohl denken?« oder »Was für eine Zeitverschwendung, hier rumzusitzen und diese Sätze immer und immer zu wiederholen«. Es kostete mich richtig Anstrengung, meinen Geist eine Stunde lang auf diese positiven und konstruktiven Gedanken zu richten. Das hatte nichts mit Meditation zu tun, die in Ruhe und Stille stattfindet. Die war um vieles einfacher. Anfangs war es auch wirklich langweilig, aber als ich so richtig drin war, merkte ich, dass die Worte lebendig wurden. Sie hatten plötzlich Bedeutung und ich fühlte mich nicht mehr wie ein Papagei. Dann stellte ich allmählich fest, dass ich zu den Worten wurde, und schließlich erkannte ich: Ich bin die Worte. Ich bin Liebe, Kraft und Vertrauen.

Ich erkannte auch: Wenn ich »Ich bin« sage, ist es das Göttliche in mir, der höchste Teil von mir, auf den ich mich beziehe, und natürlich ist dieser Teil von mir Liebe, Vertrauen und Kraft.

Probieren Sie es aus, um zu sehen, wie es wirkt. Vertrauen Sie nicht einfach auf meine Worte. Experimentieren Sie selbst damit.

Frieden schaffen

Wir alle tragen zum Frieden in der Welt bei, indem wir Frieden in unserem Leben zum Ausdruck bringen.

Wir beginnen damit, dass wir für eine friedliche Stimmung in unseren eigenen Herzen und Köpfen sorgen. Wir bemühen uns, eine friedliche Atmosphäre um uns herum zu schaffen. Unsere friedvollen Gedanken bestimmen unsere Gespräche. Wir bleiben ruhig mit unserer Stimme und in unserem Verhalten. Wir ziehen uns schnell und still von allen Aktivitäten zurück, die friedliche Lösungen nicht fördern. Mit Worten und durch unser Beispiel ermutigen wir andere, mit uns friedensfördernden Beschäftigungen nachzugehen.

Wir tragen dazu bei, dass sich Friede an allen Orten manifestiert, wo Menschen friedliche Gedanken hegen, friedvolle Worte sprechen und auf friedliche Weise handeln. Weil wir wissen, dass Glück und Frieden eng miteinander verbunden sind, finden wir Möglichkeiten, unser Glück mit anderen zu teilen. Wir ermutigen sie, eine friedvolle Einstellung zum Ausdruck zu bringen. Wir wissen, dass Friede in jedem Herzen wohnt, das von Gottes fürsorglicher Liebe erfüllt ist.

Was ich im Leben brauche

Es gibt Eigenschaften, die ich im Leben brauche, damit ich geführt, inspiriert und reich werden kann, damit ich Heilung bringen und das Licht der Wahrheit durch mich hindurchscheinen kann:

Harmonie. Ich muss lieben und vergeben. Ich muss die göttlichen Eigenschaften in allen Menschen und Situationen erkennen und ihnen erlauben, in meinem Leben Wurzeln zu schlagen. Ich muss die Liebe, die ich empfinde, in Taten umsetzen; meinen Freunden ein paar ganz besondere Gedanken widmen; jemandem einen Dankesbrief schicken, der eine große Hilfe für mich war; jemandem, der es gerade braucht, ein paar Worte der Ermutigung und der Wertschätzung sagen. Ich muss mich daran erinnern, dass ich eins bin mit Gott, dass ich seine Hände bin, seine Füße. Und darum muss ich seine Liebe und Harmonie allen Menschen gegenüber zum Ausdruck bringen, mit denen ich Kontakt habe.

Heilung. Das Leben selbst ist der göttliche Plan, dem ich in meinem individuellen Leben zum Durchbruch verhelfen muss. Ich darf nicht einfach nur dasitzen und meine Lebensbedingungen bedauern. Ich sollte mich nicht mit Dingen beschäftigen, die ich nicht tun kann, sondern muss versuchen, das in die Tat umzusetzen, was ich jetzt bewirken kann. Wenn ich in der Lage bin zu gehen und einen Finger zu bewegen, dann muss ich den Schritt tun und den Finger bewegen. Ich muss sehen, wie ich den göttlichen Plan erfüllen kann, wie ich ihm zu größerem Verständnis und zu mehr Ausdruck verhelfen kann.

Reichtum. Mit dankbarem Herzen will ich all das nutzen, was ich habe. Ist es gerade genug, um eine noch offene Rechnung zu bezahlen? Dann muss ich die Rechnung bezahlen – mit einem stummen Segen, der ihr noch einen Bonus hinzufügt. Ich muss erkennen, wie meine rechte Einstellung zum Geld meinen Geist und mein Herz öffnet für den niemals endenden Fluss aus einem unendlich großen Vorratsbehälter.

Führung. Ich muss mich in Gott zentrieren und in der Stille auf ihn warten. Dann muss ich im Glauben und im Vertrauen handeln und zuschauen, wie das Licht des Geistes jedes scheinbar nicht zu überwindende Hindernis auflöst und mir den Weg zum Erfolg weist.

Ich muss stark und guten Mutes sein und furchtlos weitergehen. Während ich den ersten Schritt tue, wird bereits deutlich, wie der nächste aussieht. Wenn ich anfange, wird das, was getan werden muss, auch getan.

Ich brauche nicht zu warten. Ich muss das Gute nicht hinauszögern, sondern kann mich jetzt entscheiden, aktiv zu werden und den nächsten Schritt zu tun, wie stolpernd er auch sein mag. Wunder werden geschehen, aber ich muss handeln. Ich muss den ersten Schritt tun, dann folgt alles Übrige. Gott ist in mir und er ist immer bereit, mir zu helfen, wenn ich mir selbst helfe.

Frieden für die ganze Welt

Wie leicht sich doch sagt »Natürlich möchte ich weltumfassenden Frieden, aber ich kann nicht sehr viel dazu beitragen. Letztlich bin ich doch nur ein Rädchen im Getriebe. Was soll ich beitragen können, um etwas so Bedeutendes zu vollbringen? Das überlasse ich lieber den Regierenden, den Politikern und den Friedensaposteln. Da kann sich jemand anderes drum kümmern. Ich wäre doch nur wie eine ganz einsame Stimme, die irgendwo in der endlosen Wildnis aufschreit«. Indem wir so denken, verkriechen wir uns in unsere kleinen Schneckenhäuser und lassen zu, dass das Gewahrsein für den Zustand der Welt vernebelt wird, weil wir als Individuen das Gefühl haben, nichts tun zu können.

Was aber kann jeder von uns tun? Fragen wir uns doch einmal selbst, worin unsere Verantwortung für den Weltfrieden besteht. Was wir tun, wie wir leben und wie wir denken, kann den Frieden in der Welt unterstützen oder behindern.

Wir können über den Weltfrieden reden, aber das wird ihn nicht herbeiführen. Wir können darüber schreiben und Pamphlete aussenden, doch das schafft keinen Frieden. Frieden und Harmonie müssen wir zuerst in uns selbst finden. Nur das kann uns weiterhelfen. Wir können zu einem Teil der Antwort werden, statt Anteil zu haben am Chaos und an der Verwirrung. Dies ist eine Zeit der Kreativität, des Aufbaus, des Zusammenarbeitens – und sie beginnt in jedem von uns. Wir können jetzt damit beginnen und müssen auf niemanden warten.

Warum wenden Sie sich nicht nach innen und schauen, wo Sie beginnen können? Oft ist das ganz einfach. Was geschieht in Ihrer Familie, in Ihrem Zuhause, mit Ihrem Nachbarn? Wie war das noch mit der Meinungsverschiedenheit, die Sie letzte Woche mit Ihrem Freund hatten? Da beginnt der Frieden, genau hier in unserem Leben und in unserem ganz alltäglichen Umgang miteinander. Solange wir Frieden und Harmonie nicht genau hier, in uns selbst, finden und lernen, einander zu lieben, können wir nicht hoffen, der Welt den allumfassenden Frieden zu bringen. Liebe, Verständnis und Toleranz bringen den Frieden.

Es gibt so viel Negativität überall. Sie brauchen nur eine Zeitung in die Hand zu nehmen oder das Radio anzustellen, und schon werden Sie mit negativen, destruktiven Gedanken bombardiert. Was Sie mit diesen Gedanken anfangen, bleibt Ihnen überlassen. Ihre Reaktion darauf ist lebenswichtig. Sie können sie aufnehmen und ihnen erlauben, Sie herunterzuziehen, bis Sie zu einem Teil der Negativität werden. Sie können sich aber auch darüber erheben und sie transformieren und verwandeln. Sie können Anteil haben an der Krankheit oder an der Heilung. Das liegt ganz bei Ihnen. Je früher Sie dies erkennen, desto besser.

Negativität ist wie eine dunkle Wolke, die Sie einhüllen kann, wenn das Licht in Ihnen nicht stark genug ist, um sie aufzulösen.

Lassen Sie Ihr Licht zu jeder Zeit scheinen, sodass die Dunkelheit augenblicklich zerstreut wird. Je mehr Menschen das tun, desto schneller werden Negativität und Dunkelheit schwinden. Lassen Sie also Licht sein, mehr Licht in einem jeden von uns.

Frieden ist offenbarte göttliche Energie, die Sicherheit, Vertrauen, geistige Klarheit und Segen bringt. Frieden ist positiv. Er ist die Offenbarung Gottes.

Wir alle sehnen uns nach Frieden, und doch gehen wir auf falsche Weise damit um. Anstatt oben zu beginnen, müssen wir an der Basis anfangen. Wie wir denken, so sind wir. Wie eine Nation denkt, so ist sie. Wenn ihre Einstellung feindlich ist, wird sie mit Sicherheit einen Krieg anzetteln. Kein noch so ausgedehntes Friedensgespräch wird Frieden schaffen. Aber wir können Frieden erlangen, wenn wir lernen, einander zu lieben und füreinander zu leben, anstatt nur für uns selbst. Von dieser felsenfesten Basis aus können wir den Frieden in die Welt tragen.

Wenn Sie die wahre Bedeutung von Frieden erfassen wollen, wenn Sie den Frieden finden wollen, der über jedes Verstehen hinausgeht, müssen Sie sich von den äußeren Erscheinungen abwenden. Schließen Sie die Augen und werden Sie ganz still. Beruhigen Sie Ihre Sinne und atmen Sie ganz tief. Ohne ein friedliches Herz und einen befriedeten Geist sind wir nur so etwas wie Schlafwandler, die existieren und funktionieren, ohne wirklich wach zu sein. Üben Sie sich im Frieden, indem Sie den Tag in einem friedlichen Geisteszustand beginnen. Lassen Sie beim Aufwachen friedliche Gedanken in Ihren Geist einfließen und tragen Sie diese in Ihren Tag hinein.

Wir können Frieden nur schaffen, indem wir unser Bewusstsein verändern. Er kann weder durch die Belehrung von Menschen noch durch Kritik an Regierungen erlangt werden. Es sind nicht die anderen Menschen, die sich verändern müssen, wir selbst müssen transformiert werden. Und diese Transformation wird möglich durch unaufhörliches inneres Gebet. Ich glaube an das Gebet. Es ist eine innere Arbeit, die wir alle tun müssen, nicht nur hin und wieder, sondern ständig. Das ist es, was den Frieden bringen wird.

Denken Sie an die Einheit – die Einheit in allen Dingen und unter allen Umständen, die Einheit in der Vielfalt. Es gibt keine Einheit, die nicht durch den Faden der Liebe gebunden wäre, denn es ist die Liebe, die vereint. Zwei Menschen können auf völlig verschiedenen Wegen sein und völlig verschiedene Leben führen, doch wenn die Liebe zwischen ihnen fließt, können sie eins werden. In Individuen, Gruppen, Gemeinschaften und in der ganzen Welt kann Frieden herrschen, Einigkeit und Einssein, wenn die Liebe fließt. Er muss irgendwo beginnen, warum lassen wir ihn nicht in unseren eigenen Herzen beginnen? Wir können uns nicht zwingen, jemanden zu lieben. Aber wir werden feststellen, dass wir immer weniger urteilen, je mehr wir unsere Herzen öffnen und der Liebe erlauben, in uns hinein- und durch uns hindurchzufließen. Schließlich werden wir wissen, was es wirklich bedeutet, jemanden zu lieben, unabhängig davon, wer er oder sie ist, welche Hautfarbe, welchen Glauben oder welche Religion er oder sie hat.

Liebe eint. Liebe ist der Schlüssel, der alle Türen öffnet. Liebe ist der Balsam, der alle Wunden heilt. Liebe ist das Licht, das die Dunkelheit erleuchtet. Wenn wir einander lieben, werden wir nicht länger im Hintergrund bleiben und die Lebensweise, das Verhalten, die Religion, die Rituale und die Überzeugungen anderer Menschen kritisieren. Wenn wir innerlich im Frieden sind, brauchen wir unsere Zeit nicht mehr damit zu vergeuden, andere verändern zu wollen. Wir lernen, einfach zu sein, und im Sein erschaffen wir ein Gewahrsein des Einsseins mit allem Leben. Der Friede hat die unumschränkte Herrschaft. Wir wissen, dass wir aus göttlicher Sicht in der Tat alle eins sind. Denn Gott ist Liebe. Erinnern wir uns, dass wir so sind und so wirken, wie wir denken. Wir sind in der Tat Mitschöpfer Gottes.

Eine neue Welt

Wie oft haben Sie gehört oder zu sich selbst gesagt: »Was ist das nur für ein Schlamassel, in dem sich die Welt heute befindet, was für ein Chaos und welche Verwirrung!« Und Sie hatten das Gefühl, nicht viel zur Besserung beitragen zu können. Alles schien hoffnungslos und nicht unter Ihrer Kontrolle. Also haben Sie sich in Ihrem Schneckenhaus versteckt und die Welt verlassen, damit sie sich noch weiter verschlechtern konnte.

Fühlen Sie sich nicht verantwortlich für den Zustand unseres Planeten? Erkennen Sie nicht, dass alles, was Sie tun, wie Sie leben und wie Sie denken, die Situation verbessern oder verschlechtern kann?

Jedes kleine Sandkörnchen ist wichtig für den Strand. Jeder kleine Wassertropfen wird gebraucht, um den Ozean zu bilden. Was Sie in Gedanken tun, trägt zum Glück oder Unglück der Welt bei. Haben Sie das jemals bedacht? Je mehr Seelen liebevoll, positiv und konstruktiv denken, desto besser. Sie alle sind Teil dieser wundervollen Welt, in der wir leben. Jeder Einzelne ist ein kleiner Teil dieser riesigen Ganzheit und hat seine ganz besondere Rolle zu spielen. Je eher Sie das erkennen, desto schneller wird sich der Zustand der Welt verändern.

Hören Sie auf, sich in den Strudel des Chaos, der Verwirrung, der Zerstörung und der Verwüstung ziehen zu lassen. Konzentrieren Sie sich lieber auf die Wunder und die Schönheit der Welt. Danken Sie für alles. Segnen Sie alle, mit denen Sie zu tun haben. Weigern Sie sich, das Schlechte in Menschen und Situationen zu sehen, und seien Sie immer um das Allerbeste bemüht. Konzentrieren Sie sich auf das Optimale und beobachten Sie die wundervollen Veränderungen, die in Ihrer Umgebung stattfinden.

Sie können das tun und Sie können heute damit beginnen. Jetzt sofort können Sie damit anfangen. Das heißt nicht, wie der Vogel Strauß zu sein, den Kopf in den Sand zu stecken und sich zu weigern, den Realitäten ins Gesicht zu sehen. Es bedeutet lediglich, nach dem Allerbesten in allem und jedem zu suchen und sich darauf zu konzentrieren.

Sie sind eine kleine Welt in sich selbst. Wenn Friede, Harmonie, Liebe und Verständnis tief in Ihrer inneren Welt herrschen, spiegelt sich das in Ihrer Umgebung wider. Bringen Sie Ihr eigenes Haus in Ordnung. Verändern Sie Ihr Denken. Hören Sie auf, mit dem Finger auf andere zu zeigen und deren Fehler anzuprangern. Sie haben mehr als genug damit zu tun, sich selbst auszurichten. Indem Sie das tun, tragen Sie dazu bei, die Welt zu verbessern.

Warum fangen Sie nicht hier und heute an, die Welt, in der Sie leben, zu lieben, zu genießen und ihre Schönheit in sich aufzunehmen. Sie ist gut und voll von Energie. Es ist eine ganz wundervolle Welt und Sie können sich glücklich schätzen, in ihr leben zu dürfen. Ob Sie den Himmel auf die Erde bringen, liegt ganz bei Ihnen. Was tun Sie dafür? Warten Sie nicht länger darauf, dass andere Menschen es für Sie tun, sondern machen Sie sich selbst ans Werk.

Das Neue annehmen

Gedankenformen brechen ständig zusammen und neue Gedanken, neue Ideen, neue Möglichkeiten, neue Worte und neue Redewendungen treten an ihre Stelle.

Es gibt Zeiten, in denen man das Alte leicht und schnell hinter sich lassen kann. Zu anderen Zeiten ist dies ein langwieriger und mühsamer Prozess des Loslassens durch ständige Wiederholung. Seien Sie geduldig und tolerant, während Sie durch diese Zeit des Übergangs gehen. Selbst wenn Sie genau wissen oder zumindest sicher annehmen können, dass dies ein neues Zeitalter ist, in dem wahrhaft wunderbare Dinge geschehen können, ist noch viel Altes übrig, das vernichtet und verwandelt werden muss.

Sie können wie Alice im Wunderland sein und völlig problemlos in eine ganz neue Welt eintreten, in ein ganz neues Leben. Es gibt jedoch nur wenige Menschen, die imstande sind, dies ohne Zweifel und Ängste zu tun oder ohne den Wunsch zu haben, zumindest einen Teil des Alten festzuhalten.

Es ist, als wolle man einem Kind ein schmutziges und abgenutztes, aber heiß geliebtes Spielzeug wegnehmen und es durch ein neues, viel besseres ersetzen. Anfangs wird das Kind das neue zurückweisen, sich an das alte klammern und sich weigern, es loszulassen. Wenn man dem Kind das alte Spielzeug mit Gewalt wegnimmt, wird es weinen und das neue völlig ignorieren. Wie wäre es, wenn wir das neue Spielzeug neben das alte stellten? Vielleicht wird es im hohen Bogen davonfliegen. Doch während sich das Kind an das neue Spielzeug gewöhnt, wird es anfangen, es zu akzeptieren und zu genießen. Allmählich wird das alte Spielzug aufgegeben und kann weggenommen werden.

So ist es auch mit all dem Neuen, das im Moment von allen Seiten auf uns einströmt. Viele Menschen werden feststellen, dass sie es einfach nicht fassen können, werden es im hohen Bogen von sich schleudern und sich weigern, irgendetwas damit zu tun haben zu wollen. Weil es ihnen aber ständig auf neue Weise und mit neuen Worten präsentiert wird, sickert es in ihr Unterbewusstsein und wird schließlich ein Teil ihres Wesens.

Wir alle brauchen Geduld, Ausdauer und Beharrlichkeit, um der

Menschheit das Neue zu unterbreiten. Alte Gewohnheiten sind nicht leicht zu durchbrechen und wenn es schlechte Gewohnheiten sind, wird es umso schwieriger. Bevor der erste Schritt getan werden kann, muss der Wunsch da sein, die alten Gewohnheiten zu durchbrechen. Die Seele muss einen großen geistigen Hunger verspüren, bevor sie bereit und offen ist, das Neue anzunehmen. Vielen Menschen müssen diese wundervollen Wahrheiten in verschiedenen Formen wieder und wieder unterbreitet werden, bevor sie sie annehmen können. Seien Sie niemals niedergeschlagen oder entmutigt; letztendlich wird sich Ihre Ausdauer bezahlt machen und das Neue wird erkannt, anerkannt und gelebt werden.

Der Geist des Abenteuers

Um etwas Neues zu erschaffen, braucht man Mut, Vorstellungsvermögen und Inspiration. Das heißt, dass man sich ausdehnen muss, um zu wachsen und weiter zu wachsen, bis das Alte völlig unkenntlich und vom Neuen überdeckt ist. Das schafft Gegensätze und es braucht Mut, ihnen zu widerstehen. Es wird immer Menschen geben, die bis zum Umfallen kämpfen, um sich jeglichem Neuen zu widersetzen. Sie fühlen sich einfach nicht wohl dabei und glauben, den Boden unter ihren Füßen zu verlieren. Sie möchten in ihrer bekannten Umgebung bleiben, weigern sich, gestört zu werden, und ziehen es vor, so weiterzumachen, wie sie es schon immer gemacht haben, denn etwas völlig Neues würde ihre Routine stören und ihr Weltbild durcheinanderbringen. Es würde alles aufbrechen, was ihr Leben ausmacht. Es würde in der Tat bedeuten, ihre liebliche, bequeme Welt auf den Kopf zu stellen, und damit wollen sie nichts zu tun haben.

Sich in etwas völlig Neues zu begeben erfordert den Geist des

Abenteuers, die Bereitschaft, durch die Hölle und durch tiefes Wasser zu gehen. Es bedeutet, keine Angst vor Problemen zu haben, vor scheinbaren Verwirrungen und Enttäuschungen. Es bedeutet, sich die Vision der Vollkommenheit immer vor Augen zu halten, bis sie verwirklicht und Realität geworden ist. Jede Seele, die den Mut hat, sich in etwas Neues zu begeben, muss von Anfang an auf Rückschläge und Enttäuschungen vorbereitet sein, aber auch bereit, weiter und weiter zu gehen und niemals aufzugeben.

Zu allen Zeiten mussten Seelen, die etwas Neues hervorbrachten, darauf gefasst sein, dass man ihnen Widerstand entgegenbrachte und sie lächerlich machte, ohne sich davon beunruhigen oder abschrecken zu lassen. Die Vision dessen, was sie erschaffen wollten, stand so lebendig und klar vor ihren Augen, dass sie in der Lage waren, sich über alles zu erheben, was sie im Alten festhalten oder dahin zurückziehen würde. Ihre klare Entschlossenheit hat sie vorangetrieben, bis sie schließlich erreicht hatten, wozu sie angetreten waren, und es akzeptiert wurde. Geduld, Ausdauer und Beständigkeit haben sie zum Erfolg geführt.

Dieses abenteuerliche Leben ist nichts für Schwächlinge, sondern für jene, die die starke innere Überzeugung haben, dass das, was sie tun, richtig ist. Es erfordert Stärke, Mut und Entschlossenheit, um die harten Wegstrecken zu überstehen. Es erfordert felsenfesten Glauben und Vertrauen, um allen Stürmen standhalten zu können. Wenn alles mit Gottes Kraft und unter seiner Führung getan wurde, können Sie gewiss sein, dass es völlig in Ordnung ist und das Resultat vollkommen sein wird. Freuen Sie sich, seien Sie gewiss, dass Gott mit Ihnen ist, und beobachten Sie, wie sich Wunder über Wunder ereignen. Bewegen Sie sich tanzenden Fußes mit einem Lied der Freude im Herzen und auf den Lippen in das Neue hinein. Ein neues Zeitalter hat begonnen und Sie sind Männer und Frauen des neuen Zeitalters.

Die Macht der Liebe

Glauben Sie bitte nicht, dass ich ein Experte in Sachen Liebe bin, aber ich habe sehr viel darüber nachgedacht und meditiert und möchte gern ein paar meiner Entdeckungen mit Ihnen teilen.

Das Wort Liebe wird leicht missverstanden, weil es so viele verschiedene Arten von Liebe gibt. Nachdem ich einige Zeit mit dem Versuch verbracht hatte, diese verschiedenen Arten von Liebe und ihre Bedeutung zu verstehen, erkannte ich, dass ich mehr wissen wollte über Agape – bedingungslose göttliche Liebe. Ich begann also, diese Art von Liebe für mein Leben zu erbitten. Ich betete um die Fähigkeit, jeden Menschen zu lieben. Ich wollte aufhören, mir herauszupicken, wen ich lieben wollte und wen nicht. Damit war es mir sehr ernst. Ich wusste, dass man die Konsequenzen annehmen muss, wenn man eine sehr machtvolle Energie anzieht, und ich war bereit, alles zu akzeptieren, was kommen mochte, solange ich bedingungslos lieben würde. Ja, ich sagte alles. Doch was dann passierte, war ziemlich verheerend. Peter, mein Mann, mit dem ich 27 Jahre lang verheiratet war, verließ mich. Und als ich protestieren wollte, sprach die Stimme aus meinem Inneren: »Du möchtest bedingungslos lieben, nicht wahr? Dies ist eine sehr gute Gelegenheit, bedingungslos zu lieben.« Ich rang nach Luft. Ich hätte nie gedacht, dass es das bedeuten könnte. Wie konnte daraus nur Gutes entstehen?

Eines Tages saß ich im Bus und stellte fest, dass ich einen Dialog über bedingungslose Liebe mit mir selbst führte. Ich beschloss, ihn aufzuschreiben. Mit einem Bleistift schrieb ich auf die Rückseite eines Briefumschlags: »Kann ich zu dir und kannst du zu mir sagen »Ich liebe dich«, ohne dass sich einer von uns unwohl fühlt, bedroht oder unter Erwartungsdruck? Können wir bedingungslos lieben, ohne irgendwelche Erwartungen oder Forderungen? Ich habe das

Gefühl, dass wir es können. Aber es ist nichts, worüber wir nur zu reden brauchen. Es ist etwas, das gelebt und wonach gehandelt werden muss.« Das war es, das »Wie« der bedingungslosen Liebe. Jetzt war es nur noch eine Frage des Umsetzens in die Praxis. Ziemlich einfach mit einem Menschen des gleichen Geschlechts. Doch wie steht es mit dem anderen Geschlecht?

Was war mit der bedingungslosen Liebe meinem Ehemann gegenüber? Während ich Peter vor meine inneren Augen rief, setzte ich mich hin und stellte mir selbst ein paar Fragen. Ich wusste: Wenn ich diese Fragen mit Ja beantworten kann, ist das ein Beweis dafür, dass ich bedingungslos liebe. Dies waren die Fragen:

1. Kann ich immer ich selbst sein und anderen erlauben, sie selbst zu sein, ohne zu beurteilen, zu kritisieren oder zu missbilligen?
2. Kann ich lieben und lieben und weiterhin lieben, ohne etwas dafür haben zu wollen?
3. Kann ich jemanden mit derselben Tiefe und in demselben Maße lieben, egal ob wir zusammen sind oder getrennt?
4. Kann ich jemanden immer noch lieben, auch wenn ich nicht gutheiße oder leiden mag, was er oder sie gesagt oder getan hat?
5. Kann ich jemanden so sehr lieben, dass ich bereit bin, diesen Menschen gehen zu lassen, damit er wachsen und reifen kann?
6. Kann ich jemanden so sehr lieben, dass ich aufhöre, ihm oder ihr zu helfen, weil ich weiß, dass meine Hilfe sein Wachstum und seine Entwicklung aufhalten würde?
7. Kann ich jemanden so sehr lieben, dass ich ohne Bitterkeit, Groll oder Eifersucht zusehen kann, wie er oder sie mich um eines/einer anderen willen verlässt?

Es hat fünfeinhalb Jahre gedauert, bis ich alle diese Fragen mit Ja beantworten konnte, ohne wankelmütig zu werden. Probieren Sie sie an sich selbst aus. Wie leicht es sich doch sagt, dass man jemanden liebt, wenn er oder sie Hunderte oder gar Tausende von Kilometern entfernt ist. Aber was passiert, wenn Sie ihm oder ihr von Angesicht zu Angesicht gegenüberstehen? Haben Sie auch dann noch das Gefühl, dass Sie wahrhaftig lieben, oder tauchen plötzlich kleine Irritationen auf? Vielleicht werden Sie wütend, weil der andere auf eine bestimmte Art und Weise mit Ihnen umgeht; vielleicht sind Sie eifersüchtig und fragen sich, was die andere Frau hat, das Sie nicht haben. Es ist verblüffend, was sich so alles in unseren Köpfen abspielt. Ich weiß aus persönlicher Erfahrung, dass die bedingungslose Liebe von einer Minute auf die andere davonfliegen kann.

Was soll man in einer solchen Situation tun? Alles, was ich tun konnte, wenn ich auf die Nase gefallen war und mich wie ein absoluter Versager fühlte, war ein Gebet zu sprechen und um Hilfe zu bitten. Ich habe großes Vertrauen in das Gebet, weil ich das Gefühl habe, dass ich dadurch mit meinem Höheren Selbst, mit dem Göttlichen in mir Verbindung aufnehme. Und wenn ich in einer solchen Situation um Hilfe bat, bekam ich zur Antwort: »Hör auf, dich selbst zu verdammen. Hör auf, dich selbst zu verurteilen. Vergib dir selbst und geh weiter. Es gibt so viel zu tun.« Ich erkannte: Wenn ich mich in Selbstmitleid ergehe, kann ich weder mir selbst noch irgendjemand anderem dienlich sein. Selbstmitleid ist ein solcher Zeit- und Energieverschwender! Darum ist es gut, darauf zu achten und etwas dagegen zu tun. Wenn es eine Lektion zu lernen gibt, lern sie schnell und geh weiter.

Einer der ersten Schritte in Richtung bedingungsloser Liebe besteht darin, sich selbst zu lieben. Das war äußerst schwierig für mich, weil ich so viel zu verlernen hatte, was mir im Laufe meines Lebens beigebracht worden war. Vor vielen Jahren sagte jemand zu mir: »Eileen, ich möchte von dir hören, dass du dich selbst liebst.« Ich weigerte mich glattweg. Das hatte nicht zu meiner Erziehung gehört. Ich fand das lächerlich, wo ich mir all meiner Fehler und meines Versagens doch so bewusst war. Kurze Zeit nach diesem Erlebnis saß ich vor meinem Spiegel, kämmte mein Haar und hörte mich zu mir selbst sagen: »Weißt du, du bist eine ganz wundervolle Frau.« Ein paar Sekunden lang war ich schockiert, doch ich schaute mir weiterhin in die Augen und ich erkannte, dass die Augen die Fenster der Seele sind. Ich erblickte das Göttliche in meinem Inneren, das sehr schön ist. Das geschah, als ich anfing, alles an mir zu lieben, und ich erkannte, dass ich das Göttliche in meinem Inneren liebte. Wenn Sie anfangen, das Göttliche in Ihrem Inneren zu lieben, sehen Sie dieses Göttliche auch in anderen Menschen und beginnen auf diese Weise, bedingungslos zu lieben. Das ist das Ziel. Sie wählen nicht mehr aus, wen Sie lieben und wen nicht. Sie sehen das Beste und Höchste in jedem Menschen und holen es hervor.

In der Bibel heißt es: »Liebe Gott und liebe deinen Nächsten wie dich selbst.« Tun Sie das? Und wenn nicht, warum nicht?

Bedingungslose Liebe

Bedingungslose Liebe heißt nicht, dass wir alles und jedes akzeptieren, was unsere Lieben tun. Bedingungslose Liebe meint »Ich liebe dich ganz und bedingungslos, aber ich mag vielleicht nicht, was du tust«. Erkennen Sie den Unterschied? Sie richten die Kritik nicht mehr auf eine Person, sondern auf etwas außerhalb dieser Person, auf ihre Handlungen. Das scheint vielleicht nur ein kleiner Unterschied zu sein, aber es ist ein bedeutender Unterschied.

Liebe in die Tat umsetzen

Liebe ist eine abstrakte Idee, solange sie nicht in die Tat umgesetzt wird. Wir reden vielleicht über die Liebe und definieren sie, sind aber dennoch nicht liebevoll.

Reißen Sie die Barrieren nieder. Lieben Sie die Menschen, die Situationen und die Umstände, die Sie irritieren. Segnen Sie die Menschen, die Sie vor den Kopf zu stoßen scheinen. Sagen Sie: »Ich liebe dich, ich segne dich, ich sehe das Göttlich in dir.« Die anderen ändern sich vielleicht nicht, aber Sie werden sich hinsichtlich Ihrer Reaktion auf sie verändern.

Der Mensch, der kalt und gleichgültig zu sein scheint, braucht mit Sicherheit Liebe und keine Verurteilung. »Ich liebe dich, ich segne dich, ich sehe das Göttliche in dir.«

Da ist der Mensch, der Ihrer Entwicklung im Wege zu stehen scheint, der Ihre Sicherheit und Ihren Erfolg zu bedrohen scheint. Vertreiben Sie die Angst, die Sie vor ihm haben, durch Liebe. »Ich liebe dich, ich segne dich, ich sehe das Göttliche auch in dir.«

Setzen Sie Liebe in Handlung um. Seien Sie liebevoll. Lösen Sie Unterschiede durch Liebe auf. Ersetzen Sie Groll durch Liebe. Stimmen Sie Ihrem Feind liebevoll zu.

Liebe ist die Erfüllung des Gesetzes.
Sie können teilen und geben, ohne zu lieben.
Aber Sie können nicht lieben, ohne zu teilen und zu geben.
Das Geschenk der Liebe besteht im Geben.
Geben Sie Ihre Liebe ohne Erwartungen,
denn wenn Ihre Liebe eine Rückmeldung braucht,
werden Sie enttäuscht werden.
Selbstlose Liebe lässt Freiheit und Wachstum zu.
Eigensüchtige Liebe erzeugt Stagnation.

Wenn Liebe bedingungslos gegeben wird, ist jede Reaktion darauf akzeptabel, also bedarf es niemals der Vergebung. Lieben Sie Ihre Feinde, denn Sie sind genau wie Sie selbst.

Das Gebet der Liebe

Wie beten Sie für jemanden, dem Sie helfen wollen? Strecken Sie mit Herz und Verstand die Hand nach Gott aus. Sie müssen nicht weit reichen. Gott ist genau da, wo Sie sind. Gott ist genau da, wo der Mensch ist, der Hilfe braucht.

Arbeiten Sie mit Ihren Gedanken, bis Sie erkennen, dass Gottes Vollkommenheit überall ist. Denken Sie an den Menschen, dem Sie helfen wollen, und seien Sie gewiss, dass er von Gottes Vollkommenheit umgeben ist.

Jedes Mal, wenn Ihre Gedanken bei diesem Menschen sind, sind Sie in Gedanken bei Gott. Sehen Sie Vollkommenheit vor Ihrem geistigen Auge, und die Liebe in Ihrem Herzen wird vollkommen sein.

Das Gebet ist eine Aktivität der Gedanken, doch wenn wir für jemand anderen beten, ist das Gebet ein Akt der Liebe. Es ist nur die Liebe, die uns miteinander eins werden lässt.

Liebe ist immer mächtig, denn Liebe bindet nicht. Liebe kommandiert nicht. Liebe besitzt nicht. Liebe befreit. Liebe stellt das Glück des Geliebten immer an die erste Stelle. Liebe gibt sich selbst. Liebe spekuliert nicht auf Gegenliebe. Liebe lässt das Selbst schrumpfen, damit der/die Geliebte mehr sein kann.

Liebe sagt nicht insgeheim: »Es soll sein, wie ich es wünsche oder wie ich es sehe oder wie es meinem Gefühl nach gut wäre.« Liebe sagt zu jedem: »Folge dem Gesetz des Wachstums, wie es deinem eigenen Wesen entspricht. Sei, was deine Einzigartigkeit dich sein lässt.« Liebe schenkt den Geliebten dem Leben.

Es gibt ein Gebet, das wir immer für andere sprechen können, egal ob sie um ein Gebet gebeten haben oder nicht: das Gebet der Liebe. Indem wir das Gebet der Liebe sprechen, sehen wir den, für den wir beten, ungeachtet seiner Fehler als vollkommen, so wie Liebe den Geliebten immer sieht. Dadurch rufen wir das Höchste und Beste in jedem Menschen auf den Plan, für den wir beten.

Liebe vergibt schnell

Liebe vergibt und vergisst schnell. Die Liebe klammert sich nicht an Schmerz und Groll. Die Liebe reinigt den Geist, klärt das Herz und befreit das Gefühl von allem, was uns von der vollkommenen Harmonie und Einheit mit Gott und unseren Mitmenschen trennt.

Die Liebe vergisst nicht den Gewinn und das Wachstum, welche die Erfahrungen der Vergangenheit mit sich gebracht haben, sondern die Verletzungen, den Ärger, die Verwirrungen, die Ängste und die Fehler der Vergangenheit. Liebe erinnert sich an die Führung, die Kraft, die Einsichten und an das gewonnene Verständnis, das uns zu mitfühlenderen, weiseren und besseren Menschen macht.

Wir geben der Liebe die Führung über unser Leben. Die Liebe heilt unsere Gedanken und befreit uns von nicht-vergebenden Gedanken. Wir vergeben uns selbst, wir vergeben anderen. Wir geben der Liebe die Führung über unser Herz. Die Liebe erfüllt unsere Herzen mit Frieden und hält unser emotionales Gleichgewicht aufrecht. Liebe vergibt und vergisst.

Das Gebet der Vergebung

Wenn ich glaube, dass mich jemand unfair behandelt hat, kann ich selbst dazu beitragen, die Verletzung meiner Gefühle zu lindern, indem ich sofort ein Gebet der Vergebung spreche, zum Beispiel: »Ich vergebe dir und lasse alle negativen Gedanken los, die ich dir gegenüber haben mag.« Dieses positive Gebet befreit mich von Negativität.

Jeden Tag spreche und bestätige ich Worte der Vergebung auf verschiedene Weise. Ich bereite mich auf einen erholsamen Schlaf vor, indem ich frei von Wut und Groll ins Bett gehe. Ich sende heilende Gedanken der Vergebung dahin aus, wo sie gebraucht werden. Diese Gedanken der Vergebung gehen hinaus, um meine Beziehungen zu anderen zu bereichern und zu stärken.

Ich vergebe mir selbst und ich vergebe anderen.

Vergeben und vergessen

Groll mit sich herumzutragen und Missgunst zu hegen kann eine schwere Last sein, die unsere ganze Energie verbraucht. Wie viel besser fühlen wir uns doch, wenn wir Gefühle der Verletzung und Missverständnisse loslassen und uns auf die guten Seiten in uns selbst und anderen konzentrieren. Wenn wir uns in der Liebe und Vergebung Christi zentrieren, können wir alles loslassen und vergessen, was uns in einem unglücklichen Geisteszustand halten mag.

Nehmen Sie sich ein paar Minuten Zeit, um sich der Christus-Liebe in Ihrem Inneren zuzuwenden. Öffnen Sie Ihren Geist und Ihr Herz für diese Liebe, erkennen Sie den Wert der Vergebung auf allen Ebenen und ihre Bedeutung für das Wachstum Ihrer Seele. Wir können vergeben und vergessen, was auch immer geschehen sein mag, denn die Liebe des Christus in unserem Inneren heilt alles.

Die Schuld auflösen

Schuld wird durch Vergebung aufgelöst, dadurch, dass man sich selbst vergibt, dass man anderen vergibt und dass man den Umständen und Gegebenheiten vergibt.

Es ist egal, was wir in der Vergangenheit getan haben. Die Vergangenheit ist vorbei. Wir haben überhaupt nichts davon, wenn wir zurückschauen, um nach irgendeinem verborgenen Grund für alles zu suchen.

Gott wird aus jeder Situation etwas Gutes entstehen lassen. Wir beginnen einfach, wo wir sind, damit sich die Werke Gottes in uns manifestieren können.

Eine Veränderung des Bewusstseins ist der erste Schritt zur Vergebung – und dabei ist es egal, ob man sich selbst vergibt oder anderen. Indem wir unser Bewusstsein verändern, verändern wir das Leben.

Vollkommene Heilung

Der größte Schritt in Richtung Heilung ist Vergebung – und dies ist auch der schwierigste Schritt. Ein nicht wandelbares Gesetz besagt: »Wie ihr vergebt, so soll euch vergeben werden.« Vergebung ist also ein Akt der Selbstliebe. Sie heilt vielleicht auch den anderen Menschen, aber letzten Endes gilt die Vergebung uns selbst.

Menschen fügen anderen nur Schmerz zu, wenn sie selbst verletzt sind. Wenn Sie die Menschen hassen, die Ihnen etwas zugefügt haben, wird Ihr Groll Sie an diese Menschen binden. Wenn Sie Ihren Hass jedoch in Liebe verwandeln, werden Sie frei sein.

Aus diesem Grund raten uns alle großen Lehrer, unsere Feinde zu lieben.

Nehmen Sie sich einen Moment Zeit, um sich einen Menschen, den Sie hassen, vor Ihr geistiges Auge zu rufen. Sagen Sie diesem Menschen: »Ich vergebe dir. Ich vergebe dir alles, was du – absichtlich oder unabsichtlich – getan hast, um mir mit Worten, Taten oder Gedanken Schmerzen zuzufügen. Wie auch immer du mein Leid verursacht hast – ich vergebe dir.«

Erlauben Sie diesem Menschen, von Ihrer Vergebung berührt zu sein. Gehen Sie einen Moment lang über die Vergangenheit hinaus und erlauben Sie, dass sich Ihre Herzen in Mitgefühl berühren. Dann verabschieden Sie sich und lassen den Menschen gehen.

Alle Vergebung beginnt mit Selbst-Vergebung. Nutzen Sie diese Übung, um sich den Schmerz zu vergeben, den Sie sich selbst zugefügt haben. Erlauben Sie sich, in Ihr Herz zurückzukehren. Seien Sie gnädig mit sich selbst. Akzeptieren Sie, dass Ihnen vergeben ist. Erlauben Sie sich selbst, geheilt zu sein.

Vergeben ist lieben

Eine Familie und Freunde zu haben bringt viel Freude mit sich, aber auch Missverständnisse und verletzte Gefühle. Das ist ein natürlicher Teil des Lebens. Wir können jedoch alle auf harmonischere Beziehungen mit unseren Mitmenschen hinarbeiten, indem wir vergeben und vergessen.

Ich vergebe mir selbst, indem ich alle Schuldgefühle loslasse, die ich im Zusammenhang mit vergangenen Ereignissen haben mag. Die Vergangenheit hat keine Macht über mich, aber sie kann als lehrreiche Erfahrung dienen.

Wenn mich jemand verärgert hat, kann ich ihm oder ihr vielleicht nicht augenblicklich vergeben, aber ich weiß, dass ich mit der Zeit lernen werde, mit der Situation umzugehen, und schließlich vergeben kann. Ich kann vergeben, wenn ich die Vergangenheit loslasse und negative Gefühle auflöse.

Je mehr ich mich darin übe, desto leichter wird es mir fallen zu vergeben, bis ich schließlich einen Punkt erreicht habe, an dem ich weiß, dass vergeben nichts anderes heißt, als jeden zu lieben und zu akzeptieren.

In Christus ruhend vergebe ich

Sagt man nicht oft »Ich kann nicht vergeben oder vergessen«? Das bedeutet jedes Mal, dass ich nicht bereit bin zu vergeben oder zu vergessen. Ich halte die Vergebung zurück, weil mein menschliches Verständnis begrenzt ist.

Aber ich kann mich auf die höhere Ebene des Christusbewusstseins einschwingen. Durch Christus in mir ist mir alles möglich. Ich kann schnell und vollkommen vergeben. Ich kann mich über menschliche Grenzen erheben. Ich kann ein liebender, vergebender und verständnisvoller Mensch sein. Ich kann jede Tendenz überwinden, überempfindlich, wütend und nachtragend zu sein.

Göttliche Liebe wohnt in mir und ich bringe sie frei und reichlich zum Ausdruck. Durch Christus ist mir alles möglich. Der Christus in mir bewahrt mich in vollkommenem Frieden. In Christus ruhend vergebe ich schnell und bereitwillig. Ich bin gesegnet und ich segne.

Beziehungen heilen

Manchmal haben wir Beziehungen, die geheilt werden müssen, einfach abgebrochen. Wir haben Vergebung in uns selbst vielleicht schon erreicht, aber es kann sein, dass diejenigen, mit denen wir in Beziehung stehen oder standen, noch nicht auf demselben Bewusstseinsniveau angekommen sind. Dann müssen wir sie lieben und segnen, obwohl sie uns scheinbar noch nicht vergeben haben. Wir können vielleicht innerlich zu ihnen sagen »Der Christus in mir erkennt den Christus in dir« oder »Ich liebe den sich entfaltenden Christus in dir«. Während wir diese Gedanken im Herzen bewegen, werden unsere Freiheit und unser Friede wiederhergestellt, und der Weg zur vollkommenen Heilung der Situation ist geebnet.

Gebet und Vergebung

Wir können uns auf ein Gebet vorbereiten, indem wir unseren Segen an alle Frauen und Männer aussenden, insbesondere an die, die uns und unseren Lieben Unrecht getan haben, an alle, die wir nicht leiden mögen, und an alle, die irgendwelche Gefühle des Grolls und der Abneigung in uns hervorgerufen haben. Indem wir sie segnen und ihnen Gedanken des Wohlwollens senden und indem wir ihnen all den Segen wünschen, den wir selbst genießen, bereiten wir uns auf die Gemeinschaft mit dem Allerhöchsten vor.

Vergebung ist der allerwichtigste Faktor für unser Fortkommen. Die gesamte Mechanik der Vergebung kann uns in der Tat mit enormer Geschwindigkeit voranbringen und unser Wachstum und Verständnis kolossal beschleunigen. Ohne Vergebung wird der freie Fluss der Liebe behindert, unsere Lebenskraft wird blockiert und das macht uns trocken und bitter.

Es ist selten möglich, alles auf einmal zu vergeben. Bitten Sie um die Bereitschaft zu vergeben.
Beten Sie, um Verständnis zu erlangen.
Wenn Sie das Gefühl haben festzustecken, lassen Sie die Sache eine Weile ruhen und geben Sie ihr mehr Zeit.

Vergebung ist die höchste Form des Gebens. Sie ist das Verzeihen inmitten allen Unrechts. Wenn wir vergeben, werden wir dadurch belohnt, dass wir wachsen, uns ausdehnen und uns neue Ziele stecken können. Wir bewegen uns vorwärts.

Gottes Hand in allem erkennen

Wenn ich meine Augen stets geöffnet halte und achtsam bin, kann ich Gottes Hand in allem erkennen. Ich erkenne die Lektionen, die gelernt werden müssen, in den kleinsten Dingen. Rosenblätter, die in Herzform auf dem Boden liegen, sagen mir, dass an diesem Ort mehr Liebe gebraucht wird. Ich halte inne, um dem Gesang einer Amsel zu lauschen, die auf einem Baum sitzt. Dabei fällt mir ein, dass es an Freude fehlt, dass wir viel zu wichtigtuerisch und ernst sind. Ich sehe die Vollkommenheit eines Spinnennetzes mit Tautropfen, die wie Diamanten in der Morgensonne glitzern. Wie fein es in all seiner Schönheit ist! Das erinnert mich daran, feinfühliger und fürsorglicher mit anderen Menschen umzugehen.

Als ich im Morgengrauen hinausgehe, streift ein Spinnengewebe über dem Weg mein Gesicht und zerreißt. Ich denke an all die Zeit und Geduld, die es gekostet haben muss, dieses Netz über den Weg zu spannen. Es ermahnt mich, bei allem, was ich tue, toleranter und geduldiger zu sein. Ich muss alles zur Vollkommenheit und mit Liebe verrichten und nicht verdrießlich wer-den, wenn jemand daherkommt und alles wieder vernichtet.

So vieles in der Natur kann eine Botschaft Gottes sein und wenn ich nicht achtsam bin, bemerke ich sie gar nicht. Wir sehen täglich Dinge, die so offensichtlich sind, und doch sind wir oft nicht in der Lage zu erkennen, was sie uns sagen und lehren wollen. Nehmen Sie niemals etwas als selbstverständlich hin. Wenn Sie tief genug schauen, werden Sie ein paar sehr wichtige Lektionen lernen können.

Nehmen Sie sich ein paar Minuten Zeit, um darüber nachzudenken. Halten Sie inne, schauen Sie sich um, hören und entdecken Sie, wie viele wunderbare Botschaften Gottes unmittelbar vor Ihnen darauf warten, entziffert zu werden.

Das ist es, was das Leben so aufregend macht, so interessant, ohne einen langweiligen Moment. Sehen Sie zu, dass Sie nichts verpassen. Gottes Botschaften sind den ganzen Tag um Sie herum – große Dinge und Kleinigkeiten. Sie brauchen nicht stundenlang in Meditation zu sitzen, um inspiriert zu werden. Gehen Sie einfach Ihrer alltäglichen Arbeit mit Achtsamkeit nach. Sie werden feststellen, dass Sie auf Schritt und Tritt von Lektionen umgeben sind, die es zu lernen gilt. Wachen Sie auf, öffnen Sie die Augen und seien Sie achtsam.

Wellen

Als ich eines Morgens aufwachte, bemerkte ich Wellen, Wellen um mich herum und in mir. Das war ein sagenhaftes Gefühl. Dann wanderten meine Gedanken zu Klang-Wellen, zu Bild-Wellen, zum Fernsehen und zur Elektrizität und ich erkannte, dass sie alle ständig um mich herum sind. Ich kann sie nicht sehen und doch nehme ich sie sehr bewusst wahr.

Diese Wellen brauchen ein Instrument, damit ich sie auf der physischen Ebene wahrnehmen kann. Ich muss mich an die Hauptstromleitung anschließen, bevor ich auf dem Bildschirm des Fernsehers ein Bild sehen kann. Mit dem Radio und all den anderen elektrischen Geräten des täglichen Lebens ist es genauso. Sie müssen mit dem Stromnetz verbunden sein und angestellt werden, bevor irgendetwas passiert. Und doch sind die Wellen immer da.

Genauso ist es mit den göttlichen Wellen. Sie sind immer da. Sie sind die Quelle, das Stromleitungsnetz, doch solange ich mich ihm nicht anschließe, anschalte und dieser erstaunlichen Wellen gewahr werde, passiert gar nichts.

An dieser Stelle sind Gebet und Meditation von Bedeutung. Sie sind der Stecker, den ich in die Steckdose stecken muss. Es ist jedoch nutzlos, ihn einzustecken, ohne anzuschalten.

Wenn ich bete, stelle ich die Verbindung her, komme in Berührung mit diesen göttlichen Wellen. Doch es genügt nicht, die Verbindung herzustellen. Ich muss auch anschalten, um zu merken, worum es überhaupt geht.

Wenn ich zum Beispiel bügeln oder das Wasser im Kessel zum Kochen bringen möchte, wird weder das Wasser noch das Bügeleisen allein davon heiß, dass ich dasitze und sie mir anschaue. Wenn ich jedoch meine Hand ausstrecke und die Hauptstromleitung einschalte, wird das Wasser mit Sicherheit kochen und das Bügeleisen wird heiß werden.

Genauso ist es mit der göttlichen Quelle. Solange ich nur dasitze und hoffe, dass etwas passiert, geschieht gar nichts. Wenn ich aber angeschaltet habe, kann alles passieren. Wunder geschehen und das scheinbar Unmögliche wird möglich, weil ich eingeschaltet bin, mich mit der göttlichen Quelle verbun-den habe und mir dessen, was ich tue, absolut bewusst bin.

Dies ist etwas, was jeder tun kann. Es ist nicht für einige wenige reserviert. »Suchet und ihr werdet finden. Bittet und es soll euch gegeben werden. Klopfet an und es wird euch aufgetan.« *Wir* müssen es tun. *Wir* müssen es durch unser Gewahrsein verwirklichen. Das bedeutet »anschalten«.

Vertrauen macht ganz

Es ist Ihr Vertrauen, das Sie zur Vollkommenheit führt. Es ist dieser Glaube, der erhebend wirkt, der erleuchtet und transformiert. Es ist der Glaube, der Berge versetzt und Gott in allem sieht. Es ist der Glaube, der weiß, dass Gott überall ist, dass Gott der Schöpfer aller Dinge ist, die Quelle allen Seins, alles in allem, was lebt.

Machen Sie sich bewusst, dass Sie einen anderen Menschen belehren oder segnen können, aber Sie können nicht für einen anderen vertrauen. Das ist etwas, das jede Seele für sich selbst suchen und finden muss. Lassen Sie nichts unversucht, bis Sie es gefunden haben. Niemand kann Gott für jemand anderen finden. Jeder muss selbst auf die Suche gehen, um zu finden, wonach er sucht. Niemand kann den Tee für Sie trinken oder für Sie Speise zu sich nehmen. Das müssen Sie selbst tun. Wenn Sie Ihre Augen erheben, Ihr Herz öffnen und Gott zurufen »Hilf mir glauben«, dann müssen Sie auch Ihre Hände ausstrecken, Ihr Verständnis erweitern und die Wahrheit akzeptieren: Es gibt nichts, was Gott ohne unsere Mitwirkung tun könnte. Wenn ein Wunsch da ist, wird er erfüllt werden, aber Sie müssen von ganzem Herzen, mit dem Verstand, mit der Seele und mit aller Kraft wünschen.

Erinnern Sie sich: Niemand kann Vertrauen für Sie erfahren. Sie müssen es selbst erfahren. Sie müssen damit experimentieren. Probieren Sie es in Ihrem Leben aus und schauen Sie, ob es wirkt. Die Schritte, die Sie in diesem Vertrauen gehen, mögen zu Anfang sehr klein und unsicher sein. Wenn Sie aber sehen, wie ein Wunder nach dem anderen geschieht, wird Ihr Vertrauen stärker, bis es felsenfest ist und Sie lernen, nur aus diesem Vertrauen heraus zu leben. Sie wissen, dass Gott in Ihnen und durch Sie wirkt und Ihnen daher nichts unmöglich ist, absolut gar nichts. Auch wenn Ihr Vertrauen zu Anfang nur ein kleines Samenkorn ist, wird es wachsen und wachsen, während Sie es pflegen, gebrauchen und lernen, danach zu leben.

Selbst wenn die äußeren Bedingungen alles unmöglich erscheinen lassen, geben Sie niemals auf. Schwanken Sie nie, lassen Sie nie locker. Gehen Sie tief nach innen. Werden Sie sehr still. Fühlen Sie, wie Gottes grenzenlose Liebe Sie umgibt und erfüllt. Fühlen Sie Gottes Frieden. Erlauben Sie dem göttlichen Licht, Sie von innen her zu erhellen, damit Sie das, was außen ist, in einem neuen Licht sehen können. Erheben Sie Ihr Bewusstsein – höher und höher. Lassen Sie alles Negative zurück, vertreiben Sie jegliches Gefühl von Niederlage. Bleiben Sie einfach in der Gewissheit, dass es in diesem Zustand so etwas wie eine Niederlage überhaupt nicht gibt. Der Sieg ist sicher. Sie können alles überwinden und im Vertrauen ruhen, bis Sie sehen, wie sich alles in wahrer Vollkommenheit entwickelt. Lassen Sie Ihr Vertrauen so lebendig und positiv sein, dass es durch nichts erschüttert oder zerstört wird.

Sie sollen sehen, wie das Unsichtbare sichtbar wird. Sie sollen bezeugen, wie das scheinbar Unmögliche möglich wird. Sie sollen helfen, Gottes Reich auf Erden zu verwirklichen. Das können Sie nur tun, wenn Sie vertrauen und Ihr Vertrauen felsenfest ist. Sie sollen Licht dahin bringen, wo kein Licht ist, Liebe dahin, wo keine Liebe ist, Frieden dahin, wo kein Friede ist. Sie sollen Gottes Botschafter der Gutwilligkeit, des Friedens, der Harmonie, der Einheit, der Liebe und des Verständnisses sein. Rufen Sie Gott und Sie werden eine Antwort erhalten. Halten Sie sich an Gott und Sie werden gestärkt werden. Ohne Glauben und Liebe können Sie diesen geistigen Weg nicht gehen, können Sie weder Höhen erreichen noch Tiefen ausloten. Bleiben Sie im Vertrauen und seien Sie gewiss, dass alles sehr, sehr gut ist.

Sexualität ist Kreativität

Sexualität ist Kreativität. Sie ist das Leben, sie ist in allem, was Sie tun. Begrenzen Sie sie niemals nur auf den Geschlechtsverkehr, denn sie geht weit darüber hinaus.

Wenn mein Bewusstsein klar und rein ist, kann das von einem anderen Menschen wahrgenommen werden. Wenn ich keine Bedürfnisse habe und die andere Person auch keine Bedürfnisse hat, kann die Liebe frei zwischen uns fließen. Wenn sich das zu einer engen Beziehung entwickelt, nehme ich sie als Geschenk an und genieße sie vollends. Es sind die Bedürfnisse, die Ansprüche, das Leiden, die Eifersucht, der Groll und die Frustration, die eine wirklich wunderbare Beziehung verderben können. Versuchen Sie sich daran zu erinnern, dass sexuelle Energie spirituelle Energie ist. In ihrem Kern ist sie Hingabe, Einheit und Wandlung, Geben und Nehmen – ohne Ausbeutung. »Ich will dich nicht benutzen. Ich möchte dich lieben. Ich möchte dich erfahren. Ich möchte dich kennenlernen. Ich möchte dich riechen. Ich möchte dich fühlen. Ich möchte mit dir wachsen. Ich möchte mit dir tanzen, mit dir weinen. Ich möchte dich liebkosen.« Um das tun zu können, muss ich Energie und Risikobereitschaft einbringen. Bin ich bereit, es zu versuchen? Die Entscheidung liegt bei mir. Ich werde vielleicht abgelehnt und das mag Schmerzen mit sich bringen. Alles, was ich tun kann, ist, das Risiko einzugehen, um es herauszufinden. Wenn ich andere Menschen abstoße, werde ich nicht den anderen die Schuld daran geben, sondern mich selbst anschauen und sehen, was in mir dies verursacht. Intimität braucht Veränderung, und die Weigerung, sich zu ändern, kann die Intimität allzu leicht zerstören. Lernen Sie, spontan zu sein. Das ist es, was Beziehungen und Intimität so erfreulich macht und so aufregend. Seien Sie offen und bereit, sich auf den anderen einzulassen.

Sexuelle Gedanken

Wenn Gedanken an Sexualität in Ihnen aufsteigen, seien Sie nicht entmutigt oder versucht, sie zu unterdrücken, sondern verstehen Sie sie richtig. Sie sind nicht weniger spirituell, weil Ihnen solche Gedanken in den Sinn kommen. Es ist gut zu erkennen, dass diese Gedanken von der instinktiven Ebene kommen und nicht schlecht sind, wenn Sie sie nicht schlecht machen. Göttliche Liebe erhöht Ihre Schwingung auf die höchste Ebene kreativer Kraft. Und in der wahren Liebe sind spirituelle, mentale und körperliche Anteile zu dieser großartigen Schöpferkraft verwoben. Dann kommt die Wandlung ganz natürlich, ohne Bemühen. Wenn Sie diese Gedanken jedoch unterdrücken und als schlecht bezeichnen, wird Ihr Unterbewusstsein Ihnen genau das widerspiegeln, was Sie denken.

Wir sind göttlich gewöhnlich, göttlich menschlich.

ZWEITER TEIL

CHRISTUS

Vor ein paar Jahren begann ich in mir und in dem ganzen Planeten eine neue Energie zu fühlen. Ich hatte keine Ahnung, was es war, und es war schwer zu beschreiben. Es war ein Gefühl ungeheurer Erregung in mir, so etwas wie ein elektrisches Summen in jedem Atom und in allen feinstofflichen Körpern.

Mit der Zeit wurde ich dieser Energie mehr und mehr gewahr. Ich begann darüber zu meditieren und fragte, was sie zu bedeuten habe. Die Botschaft besagte sehr deutlich, dass ich begann den Christus-Impuls wahrzunehmen, die Christus-Energie. Ich fragte mich, was Christus für mich bedeutete. Allmählich begann ich die Antwort aus dem Inneren zu erhalten.

Die Antwort war: »Es ist Liebe. Es ist das Bewusstsein, die Schwingung, die Energie, die alles und jeden durchdringt. Es ist die äußerst kraftvolle transformierende und verwandelnde Energie, die in jedem von uns ist. Doch sie muss erkannt, akzeptiert und dann auf rechte Weise genutzt werden.« Das war der Anfang.

Während einer anderen Meditation wurde mir sehr deutlich gemacht, dass ich Affirmationen gebrauchen sollte. Ich bekam eine ganz bestimmte, die ich anwenden sollte. In der Vergangenheit hatte ich niemals Affirmationen benutzt. Ich dachte, sie seien eine Form der Gehirnwäsche, und wollte nichts damit zu tun haben.

Jedes Mal wenn ich meditierte, erhielt ich die Anweisung, die Affirmation »Ich bin ein schönes, christuserfülltes Wesen« zu gebrauchen. Das konnte ich einfach nicht akzeptieren. Allein die

Vorstellung, diesen Satz als Affirmation zu gebrauchen, erschien mir wie Gotteslästerung. Ich sah mich einfach nicht als schönes, christuserfülltes Wesen.

Ich stellte fest, dass ich diese Affirmation nicht gebrauchen konnte, obwohl die Botschaft weiterhin darauf bestand. Dann hörte ich eines Tages: »Ich kann das Göttliche in meinem Inneren und Christus im Inneren akzeptieren; warum kann ich dann nicht akzeptieren, dass ich ein schönes, christuserfülltes Wesen bin?« Ich entschied, dass es vermutlich niemanden verletzten würde, wenn ich die Affirmation still für mich anwendete. Es brauchte ja keiner zu erfahren. Also begann ich. Am Anfang hat es mir nicht viel bedeutet. Ich wiederholte denselben Satz einfach immer wieder. Es waren nur Worte. Aber auch wenn ich geneigt war aufzuhören und das Gefühl hatte, dass dies alles völlig unsinnig war, wusste ich, dass ich weitermachen musste. Allmählich stellte ich fest, dass die Worte lebendig wurden. Sie fingen an, mir etwas zu bedeuten. Später merkte ich, dass ich zu den Worten wurde. Sie waren ungeheuer kraftvoll. Schließlich erkannte ich, dass ich die Worte war, dass ich in der Tat ein schönes, christuserfülltes Wesen war. Auf diese Weise erkannte ich, dass wir alle schöne, christuserfüllte Wesen sind. Und es ist wichtig, dass wir das erkennen, akzeptieren und dann auf rechte Weise anwenden. Dies ist etwas, worüber jeder Mensch meditieren sollte, um herauszufinden, was es für ihn bedeutet. Können Sie das akzeptieren? Wenn ja, sind Sie bereit, diesen Satz als Affirmation zu gebrauchen?

Ich muss sagen, dass mir die Bedeutung der Christus-Energien erst allmählich aufgegangen ist. Ich hätte unmöglich alles auf einmal fassen können. Es hätte mich zerstört, weil die Energien so machtvoll waren.

Die nächste Erfahrung mit Christus machte ich, als ich einmal in der Bibel las. Ich erkannte, dass Jesus, nachdem er von Johannes dem Täufer im Jordan getauft worden war, zu Christus wurde. Und erst als er Christus war, konnte er sagen: »Ich und mein Vater sind eins, da ist keine Trennung mehr.« Ich hatte das oft gelesen, doch diesmal traf es mich wirklich. Jahrelang hatte ich die Weisung empfangen: »Wir sind eins, da ist keine Trennung.« Ich hatte es aufgeschrieben, aber ich hatte nie etwas in dieser Hinsicht getan. Ich hatte mir nicht einmal die Zeit genommen, darüber nachzudenken, was es bedeutet. Doch diesmal wurde es klar gesagt: »Als Jesus seine Christus-Berufung einforderte, wurde er eins mit dem Vater. Fordere deine Christus-Berufung ein, und zwar jetzt.« Wie sollte ich das tun? Ich bat in der Meditation um eine Affirmation und erhielt: »Ich fordere jetzt meine Christus-Berufung ein, ich bin ein im Christus-Geist getaufter Mensch, ich bin der Christus Gottes.« Ich erkannte: Wenn mehr und mehr Menschen auf dem Planeten ihre Christus-Berufung einfordern, können wir die Schwingung des ganzen Planeten anheben. Ich begann dies anderen Menschen mitzuteilen und schlug vor, dass sie ihre Christus-Berufung einfordern sollten. Einige dachten, ich sei nicht ganz richtig im Kopf, aber andere hörten, was ich sagte. Ich streute das Saatgut aus und erkannte, dass das alles war, was ich tun konnte. Macht euch furchtlos an das Säen der Samen und lasst Gott den Rest tun.

Ich begann über die Bedeutung der Christus-Berufung nachzudenken und erkannte, dass es nicht etwas ist, das sich in der Zukunft realisieren wird, wenn ich geistig weiterentwickelt sein werde. Christus-Berufung ist jetzt. Ich bin jetzt der Christus Gottes. Es ist leicht, sich so etwas anzuschauen und sich zu weigern, die Verantwortung dafür zu übernehmen, dass es jetzt passiert. Es war ein so wunderbares Gefühl, als ich es schließlich annehmen konnte. Als ich den Gedanken, der Christus Gottes zu sein, im Geiste zuließ und Tag und Nacht mit diesem Gedanken lebte, flossen viele wunderbare, liebevolle, positive und konstruktive Gedanken durch mich hindurch. Diese Gedanken waren ein Teil der Christus-Energie.

Dann begann ich mir selbst Fragen über Christus zu stellen, wie Christus in bestimmten Situationen denken oder fühlen würde, wie er sprechen oder handeln würde. Als ich das im täglichen Leben tat, brachte es mich dazu, zweimal nachzudenken, bevor ich etwas Unerfreuliches oder Verletzendes sagte. Es ließ mich dessen, was in meinem Leben passierte, sehr bewusst sein, und zwar nicht nur manchmal, sondern ständig.

Vor nicht allzu langer Zeit machte ich eine andere kraftvolle Erfahrung. Ich saß im Meditationsraum und arbeitete mit der Affirmation »Ich fordere meine Christus-Berufung, ich bin ein im Christus-Geist getaufter Mensch, ich bin der Christus Gottes«. Da eröffnete sich mir, dass Christus sowohl Licht als auch Liebe ist. Ich musste eine Affirmation über das Licht finden. Ich hörte mich sagen: »Ich fordere mein Christus-Licht. Ich bin ein Lichtstrahl. Ich bin ein Lichtwesen. Ich bin das Licht Gottes. Ich bin das Licht der Welt.« Das wiederholte ich ein paarmal und fühlte mich gut dabei. Dann war es plötzlich, als ob mein ganzes Sein von Licht erfüllt sei, jedes Atom. Ich erkannte, dass ich mit einem kraftvollen Licht wie diesem, das aus meinem Wesen strahlt, in jeden dunklen Raum auf diesem Planeten gehen und das Licht weithin scheinen lassen konnte. Es würde die Dunkelheit vertreiben, weil die Dunkelheit dem Licht nicht widerstehen kann. Ich saß da – mit diesen höchst erstaunlichen Gedanken – und fing an zu weinen. Die Tränen liefen mir über das Gesicht, weil ich wusste, dass dies etwas ist, was alle Menschen tun müssen: ihr Christus-Licht in Anspruch nehmen und wissen, dass sie Lichtstrahlen sind, dass sie Lichtwesen sind, dass sie das Licht Gottes sind, das Licht der Welt. Wenn wir diese Erkenntnis umsetzen, können wir mehr und mehr Licht auf den Planeten Erde bringen.

Als ich über diese ganze Frage des Lichtes nachsann und mich fragte, warum mir diese Erfahrung wohl zuteil wurde, dämmerte mir, dass ich lange Zeit mit den Energien der Liebe gearbeitet hatte. Jetzt war es Zeit für mich, mit den Energien des Lichtes zu arbeiten und sie zu nutzen. Ich konnte diese beiden Energien in meinem Leben ins Gleichgewicht bringen.

Ich war freudig erregt. Ich wusste nie, was mir als Nächstes offenbart werden würde. Ich verstand aber, dass ich lernen musste zu verkörpern, was mir gegeben wurde, bevor ich mehr erhielt. Genauso war es auch in der Vergangenheit gewesen, wenn ich Weisungen erhalten hatte. Immer wurde mir gesagt, wenn ich diese Wahrheit in mich aufgenommen und sie verkörpert hätte, würde mir die nächste Wahrheit offenbart werden. Das hat genau gestimmt. Wann immer ich das Gefühl hatte, dass nicht viel durchkam, konnte ich zurückschauen und sehen, wo ich versäumt hatte, meine Lektion zu leben, zu sein und zu demonstrieren, was immer sie war. Erst wenn ich das getan hatte, wurde mir mehr offenbart.

Ich habe mich auch mit einer Affirmation über die Christus-Liebe beschäftigt. Ich hatte in der Meditation darum gebeten und dies ist, was mir gegeben wurde: »Ich bitte um die Christus-Liebe, die universelle Liebe, die göttliche Liebe, die bedingungslose Liebe, Agape. Ich bin von dieser wunderbaren Liebe erfüllt. Ich öffne mich und lasse diese Liebe zu allen Menschen um mich herum fließen, in meiner Gemeinschaft, meiner Umgebung, im Land, auf der ganzen Welt … und danke stets dafür, auf diese Weise gebraucht zu werden. Danke, Geliebter.«

Mit dieser Affirmation arbeite ich jetzt immer und ich habe wirklich so viel, wofür ich danken kann. Ein dankbares Herz ist ein offenes Herz, aus dem die Liebe frei fließen kann. Diejenigen von Ihnen, die gern mit diesen Prinzipien arbeiten würden, finden die folgende Meditation vielleicht hilfreich.

Die Christusmeditation

Finde eine bequeme Sitzhaltung und schließe die Augen. Atme ein paarmal tief durch und sage deinem Körper, dass es Zeit ist, sich zu entspannen …

Finde, während du in die Stille gehst, tief in dir das Zentrum des Friedens … bewege dich in dieses Zentrum hinein, entspanne dich darin und sei einfach …

Stimme dich in diesem Zustand der Ruhe und des Friedens auf Christus ein. Sei dir der Christus-Gegenwart – in jedem von uns – bewusst. Bestätige dir in der Stille, im tiefen inneren Gewahrsein dieser wunderbaren Gegenwart: »Ich bin ein schönes, christuserfülltes Wesen.« Sage dir dies mehrere Male …

Fühle, was du sagst, und sei gewiss, dass es so ist, dass wir alle schöne, christuserfüllte Wesen sind. Erkenne, während du das tust, dass du mithilfst, die Schwingungen des ganzen Planeten zu erhöhen. Je mehr Menschen dies bewusst tun, desto schneller wird es verwirklicht. Lass die Affirmation jetzt wieder los und danke dafür, dass es so ist …

Bestätige dir selbst: »Ich fordere jetzt meine Christus- Berufung. Ich bin ein im Christus-Geist getaufter Mensch. Ich bin der Christus Gottes.« Bestätige dies mehrmals …

Wie fühlt sich das an? Kannst du es annehmen?

Du tust dies nicht nur für dich selbst, sondern um die Schwingung des ganzen Planeten anheben zu helfen. Wir alle können unsere Christus-Berufung einfordern. Können wir annehmen, dass Gott seine Hand über uns hält? …

Als Jesus von Johannes dem Täufer im Jordan getauft wurde, wurde er Christus und konnte sagen: »Ich und mein Vater sind eins, da ist keine Trennung.« Sage dies auch zu dir selbst …

Geh tiefer und tiefer … Sei gewiss, dass mit Gott nichts unmöglich ist, und schau zu, wie das scheinbar Unmögliche möglich wird. Sei gewiss, dass du deine Christus-Berufung jetzt einfordern kannst, und sei gewiss, dass es keine Trennung gibt, dass du eins bist mit Gott, dass Gott in jedem von uns ist...

Sage zu dir selbst und fühle die Verwirklichung dessen, was du sagst: »Ich bitte um mein Christus-Licht. Ich bin ein Lichtstrahl. Ich bin ein Lichtwesen. Ich bin das Licht Gottes. Ich bin das Licht der Welt.«...

Wenn mehr und mehr Menschen wissen, dass wir Lichtstrahlen sind, und ihr Licht weithin scheinen lassen, können wir unserem verdunkelten Planeten mehr und mehr Licht bringen, und wenn wir unser Licht weithin scheinen lassen, wird es die Dunkelheit vertreiben. Dies ist etwas, das wir alle tun können, um mehr und mehr Licht in die Welt zu bringen...

Wende dich jetzt der Liebe zu und meditiere über die Christus-Liebe. Sage: »Ich bitte jetzt um Christus-Liebe, universale Liebe, göttliche Liebe, bedingungslose Liebe, um Agape. Ich bin von dieser wundervollen Liebe erfüllt und umgeben. Ich öffne mich und lasse diese erstaunliche Liebe durch mich hindurchfließen und hinaus zu allen Menschen um mich herum, hinaus in die Gemeinschaft, in die Umgebung, in das Land und hinaus in die ganze Welt...

Ich sage ewig Dank, dass ich auf diese Weise gebraucht werde. Danke Geliebter!«... Fühle, wie die Liebe in der Tat durch dich hindurchfließt. Nimm dir Zeit dafür. Dies sind nicht nur Worte, es sind nicht nur lebendige Worte. Die Worte, das bist du. Sie sind der Weg, die Wahrheit und das Leben...

Bewahre diese Gegenwart des lebendigen Christus in deinem Herzen, bringe diese Aufmerksamkeit zurück in deinen Körper und in den Raum und öffne die Augen.

DRITTER TEIL

MEDITATIONEN UND ÜBUNGEN

Die folgenden Meditationen und Übungen hat Eileen Caddy im Laufe vieler Jahre entwickelt und angewendet. Sie haben ihre persönliche geistige Reise begleitet und wurden in zahlreichen Workshops eingesetzt, die Eileen auf der ganzen Welt geleitet hat. Sie können sie für sich selbst nutzen oder in Gruppen anwenden.

Wenn Sie allein meditieren wollen, sollten Sie den jeweiligen Text aufnehmen, damit Sie sich während der Meditation ganz darauf konzentrieren können. Drei Punkte im Text bedeuten, dass Sie an dieser Stelle innehalten und eine Zeit der Stille einplanen sollen, die es Ihrem Geist ermöglicht, die Anweisungen ganz in sich aufzunehmen.

Die Frage-Übungen (Seite 103 – 108) brauchen nicht aufgenommen zu werden, da man relativ leicht mit ihnen arbeiten kann, indem man einfach eine Frage nach der anderen liest und beantwortet. Vergewissern Sie sich, bevor Sie beginnen, dass Sie genügend Papier und einen Stift zur Hand haben.

Dieses Befragen ist eine hervorragende Möglichkeit, die Verbindung zum Göttlichen im Innern zu stärken und aus dem Gewahrsein dieser Verbindung heraus zu leben.

Versuchen Sie es und schauen Sie einfach, was passiert. Genießen Sie die Reise zu sich selbst.

Grundsätzliche Meditationsanweisungen

Meditation ist die »Übung der Gegenwart Gottes«. Suchen Sie sich für Ihre Meditation einen ruhigen Ort und eine Zeit, in der Sie ungestört sind.

Setzen Sie sich mit aufrechter Wirbelsäule, entspanntem Körper und wachem Geist bequem hin.

Atmen Sie langsam und in gleichmäßigem Rhythmus. Richtiges Atmen wirkt beruhigend.

Beruhigen Sie Ihre Gefühle. Sie können sich Ihren Emotionalkörper zum Beispiel als See vorstellen, der ruhiger und ruhiger wird, bis die Oberfläche spiegelglatt ist. »Ich habe Gefühle, aber ich bin nicht meine Gefühle.«

Schenken Sie Ihrem Geist und Ihren Gedanken Aufmerksamkeit. Gestatten Sie sich, zum unabhängigen Beobachter Ihrer Gedanken zu werden. Beobachten Sie, wie Ihre Gedanken vorbeiziehen. Versuchen Sie nicht, sie anzuhalten. »Ich habe einen Geist, aber ich bin nicht mein Geist.«

Führen Sie Ihren Geist jetzt zu einem Konzentrationspunkt. Zum Beispiel:

Wiederholen Sie immer wieder rhythmisch ein einziges Wort: *Friede, Freude, Liebe*… Vergewissern Sie sich, dass es ein positiver Begriff ist.

Wiederholen Sie einen Kerngedanken oder Kernsatz rhythmisch wieder und wieder: *Sei ruhig, sei ruhig. Ich bin ein Zentrum der Liebe und des Friedens. Sei voller Freude, denn die Freude lässt das Licht herein. Der Wille zum Guten ist der Samen der Zukunft.* Gebrauchen Sie Ihre Vorstellungskraft, um zwischen Ihren Augenbrauen ein Bild zu visualisieren: *Sonne, Dreieck, Flamme, Diamant, Stern, Lotus.*

Lauschen Sie, um die inneren Töne in Ihrem Kopf zu hören, und richten Sie Ihr Gewahrsein nur darauf aus.
Konzentrieren Sie sich auf Ihre Atmung. Fühlen Sie, wie die Luft in Ihre Nasenlöcher ein- und wieder hinausströmt.

Wenn Sie möchten, können Sie Ihren Konzentrationspunkt während der Meditation beibehalten und Ihrem Geist erlauben, ruhiger und ruhiger zu werden. Wenn Sie diese Zeit jedoch nutzen wollen, um sich für Weisungen zu öffnen, tun Sie Folgendes:

Nachdem Sie einige Zeit damit verbracht haben, Ihren Geist ruhig werden zu lassen, erheben Sie Ihr Bewusstsein durch die Hingabe, das Sehnen und den Willen zum Seelengewahrsein und bestätigen Ihr Einssein mit allem Lebendigen. Öffnen Sie sich, werden Sie empfänglich. Stellen Sie sicher, dass Sie wach bleiben. Vermeiden Sie negative Passivität und Schläfrigkeit. Bleiben Sie in einem Zustand des Wartens und der inneren Ruhe. Es gibt verschiedene Arten, Weisungen zu empfangen:

Sie können Bilder oder Lichterscheinungen sehen, welche die allen Dingen innewohnende Göttlichkeit offenbaren.
Es ist möglich, dass Sie die wahre Natur, die Essenz, die Qualität und den Sinn einer Sache plötzlich intuitiv erfassen.
Sie hören inspirierende Botschaften, die sich auf Ihr geistiges Wachstum beziehen und meist kurz, prägnant und bedeutungsvoll sind.
Sie führen einen inneren Dialog mit Ihrem Höheren Selbst.
Sie nehmen Kontakt mit Ihrer Seele auf oder bringen sich mit ihr in Einklang, um sich zu harmonisieren, zu energetisieren und zu inspirieren. Sie verspüren einen Drang zu handeln, der dem Besten des Ganzen dient.

Verbringen Sie so viel Zeit in der Stille, wie Sie erübrigen können. Wenn Sie das Gefühl haben, dass die Zeit um ist, beenden Sie Ihre Meditation, indem Sie die während der Meditation angesammelte Energie als Licht und Liebe in die Welt ausstrahlen. Seien Sie gewiss, dass wir so, wie wir geben, auch empfangen werden, und wenn wir anderen unsere Liebe und unseren Segen schicken, erhalten wir umso mehr. Danken Sie für all den Segen in Ihrem Leben und für die Zeit, die Sie in der Stille verbracht haben.

Bringen Sie Ihre Aufmerksamkeit sanft in Ihren Körper und in Ihre physische Umgebung zurück. Nehmen Sie ein paar tiefe Atemzüge und strecken Sie sich.

Meditation am Morgen

Beginne den Tag, indem du in die Stille gehst. Nimm ein paar tiefe Atemzüge und entspanne dich. Lass alles los, was dich beschäftigt oder was dir Sorgen macht. Wenn dir das schwerfällt, kannst du dir einen Altar vorstellen, auf den du das Problem oder die Herausforderung legst. Damit übergibst du alles Gott und bittest ihn, die Last von dir zu nehmen, auf dass du deinen Tag frei und unbeschwert beginnen kannst …

Lass das Gestern hinter dir und geh Schritt für Schritt hinein in diesen neuen, wundervollen Tag mit der Gewissheit, dass sich alles perfekt für dich entfalten wird … Bitte um Reinigung und Klärung, damit du ein reiner und klarer Spiegel für das Höchste und Beste sein kannst, das sich durch dich offenbaren möchte. Wisse: Was du erbittest, wirst du erhalten …

Nun sei still, ganz still … Sprich die Worte »Sei still« wieder und wieder wie eine Affirmation, bis du die Stille in dir fühlen kannst …

Sorge dafür, dass die ersten Striche auf der Leinwand deines

Tages klar und eindeutig sind, voll Liebe, Inspiration und voll freudiger Erwartung des wundervollen und segensreichen Tages, der vor dir liegt …

Sei offen und aufnahmebereit für alles, was dieser Tag dir an Erlebnissen bringen mag …

Bringe deine Gedanken auf den Weg des Höchsten, Positivsten, Liebevollsten, damit du bestens vorbereitet bist auf einen wundervollen Tag. »Was du denkst, bist du, und was du denkst, bringst du hervor.« …

Verbanne alle trüben und negativen Gedanken und fülle dein Herz und deinen Geist mit Liebe und Dankbarkeit. Nimm dir ein paar Minuten Zeit, um zu danken: für den guten Schlaf, aus dem du gerade aufgewacht bist; dafür, dass du am Leben bist; für diesen wunderbaren neuen Tag; danke für alles. Wisse, dass du in perfekter Harmonie mit den göttlichen Gesetzen lebst und dass alles sehr, sehr gut ist …

Erwarte nur das Beste in allem und jedem und ziehe es an …

Wisse: Wenn du mit dem richtigen Fuß aufstehst und deinen Tag beginnst, wirst du Zeichen und Wunder erleben, weil du in Übereinstimmung mit den göttlichen Gesetzen handelst …

Was denkst du heute morgen? Sind es Gedanken an Gott, an das Göttliche in dir, Gedanken der Liebe und der Wertschätzung für andere? … Sind es Gedanken der Freude und der Dankbarkeit? … Vergiss nicht, für all den Segen zu danken, der Tag für Tag über dir ausgeschüttet wird …

Denke immer daran, dass das, was du in der ersten Stunde eines jeden Tages denkst, den ganzen Tag färben und beeinflussen kann, der vor dir liegt.

Nun bring dein Bewusstsein langsam in den Raum zurück. Spüre, wo du sitzt und wie sich dein Körper anfühlt. Nimm ein paar tiefe Atemzüge und öffne die Augen.

Meditation über die Freude

In der folgenden Meditation geht es darum, all die Dinge aufzuspüren, die dir Freude machen.

Nimm ein paar tiefe Atemzüge und entspanne, entspanne, entspanne. Lass dir Zeit. Dein Atem wird dir helfen. Richte also deine ganze Aufmerksamkeit auf deinen Atem. Stelle dir selbst die folgenden Fragen, eine nach der anderen, und schreibe die Antworten auf:

1. Welche Dinge Menschen und Situationen machen mir Freude?
2. Was tue ich richtig gern? Was macht mir Spaß?
3. Wie komme ich in Kontakt mit meiner Freude?
4. Wann und wo fühle ich mich Gottes Liebe am nächsten?
5. Hat meine Freude etwas mit meinem Traum, meiner Vision zu tun?

Nimm dir nun ein wenig Zeit, um dich an Momente der Freude zu erinnern und sie noch einmal zu erleben.

Begib dich in eine glückliche Szene aus deiner Kindheit zurück. Wenn dir keine glückliche Szene deiner Kindheit einfällt, konzentriere dich auf einen freudvollen Moment, der noch nicht so lange zurückliegt.

Rufe dir deine Lieblingsmusik ins Gedächtnis. Gib dich ganz der Freude hin, die diese Musik in dir hervorruft. Erlaube dieser Freude, dein ganzes Wesen zu erfüllen.

Erinnere dich an deinen Lieblingsplatz in der Natur. Gibt es irgendwelche Menschen oder Tiere, die in deiner Erinnerung zu diesem Platz gehören? Denk an all die kleinen Dinge, die ein Lächeln auf deine Lippen zaubern, sobald sie dir in den Kopf kommen.

Denk an all die Menschen, die du liebst und die dich lieben.

Freude kommt mit der Bereitschaft zu dienen und die Bereitschaft zu dienen kommt mit der Hingabe. Also widme dich dem Dienst an Gott und fühle die Freiheit und Freude des Geistes in dir. Halte dieses Gefühl der freudigen Verbundenheit mit dem Leben in deinem Herzen, während du deine Aufmerksamkeit zurück in den Raum bringst und deine Antworten von vorhin noch einmal liest. Benutze die Liste auch, um dich immer an die freudvollen Momente in deinem Leben zu erinnern, vor allem dann, wenn das Leben alles andere als freudvoll ist.

Die Lichtwesen-Meditation

Setze dich mit aufrechter Wirbelsäule auf einen Stuhl oder auf den Boden und atme ein paarmal tief ein und aus ... Bitte deinen Körper, sich zu entspannen ... Nimm dir Zeit, deine Haltung so lange zu korrigieren, bis du so bequem wie möglich sitzt ...

Stell dir jetzt vor, dass ein Wesen aus Licht hinter dich getreten ist und dich anschaut ... Du bist dir dieser Gegenwart so bewusst, dass sich die ganze Schwingung deines Emotionalkörpers zu verändern beginnt ...

Stell dir jetzt vor, dass sich diese Gegenwart, dieses Lichtwesen, dieser allwissende Geist langsam in dich hineinbegibt, deinen Körper durchdringt, deinen Geist, deine Gefühle, dein gesamtes Bewusstsein ...

Fühle die Woge der Kraft, die dieses Wesen aus Licht und Liebe mitbringt, während es denselben Raum einnimmt wie du ...

Spüre die unendliche Weisheit seines Geistes, während es in deinem Bewusstsein denkt ...

Schau, wie das Licht dein ganzes Sein durchdringt ... Das ist dein Göttliches Selbst, der Geist Gottes in dir.

Stell in deinem Geist eine weiße Leinwand auf und sieh darauf die Worte: Ich entscheide …

»Ich entscheide mich, eine liebevolle Beziehung zu meinem Göttlichen Selbst herzustellen. Von ganzem Herzen, mit all meinem Verstand und aus tiefster Seele akzeptiere ich die Erfüllung dieses Wunsches. Weil ich alles akzeptiere, was diese Beziehung bedeutet, habe ich jetzt die bewusste Verbindung zu meinem Göttlichen Selbst. Ich liebe dieses Gefühl in meinem Herzen.«

Sieh dich in deiner Vorstellung selbst, wie du die Verbindung zu der Göttlichen Gegenwart in dir, diese Realität deiner selbst, total genießt …

Stell dir vor, wie du morgens aufwachst und diese Gegenwart mit einem von Herzen kommenden »Guten Morgen« begrüßt …

Höre und sieh dich selbst, wie du dem Lichtwesen in dir sagst, dass du es von ganzem Herzen, mit all deinem Verstand und all deiner Kraft aus tiefster Seele liebst …

Sieh dich selbst, wie du dich anziehst und für deine Kleidung dankst und dafür, dass du heute den ganzen Tag die Chance hast, allem zu dienen, worin Gott zum Ausdruck kommt …

Sieh dich selbst, wie du dir Zeit für die Meditation nimmst, und fühle den beglückenden, liebevollen Kontakt mit dem Geistigen.

Lausche und höre in deiner Vorstellung, wie dein strahlendes Göttliches Selbst zu dir sagt: »Ich werde dich niemals verlassen oder aufgeben. Ich bin immer bei dir, denn du bist mein Ausdruck, das Licht der Welt.«

Lass diese Worte in deinem inneren Ohr nachklingen – Worte des Lichts, der Liebe, des Friedens, der Ganzheit, der Fülle, der Harmonie und des Schutzes.

Sieh dich selbst, wie du im Alltag die Gegenwart im Inneren fühlst, wie du zu ihr sprichst, mit ihr lachst, ihr dankst, sie liebst …

Sieh dich selbst, wie du buchstäblich eine Liebesaffäre mit dem Göttlichen im Inneren hast …

Spüre der Erfahrung mit deinem Geist nach. Fühle die Erfahrung in deinem Herzen. Sieh die Erfahrung klar vor deinen inneren Augen …

Bewahre diese Verbindung zur Gegenwart des Lichtes in dir, lass deine Aufmerksamkeit langsam in den Raum zurückkehren zu der Fläche, auf der du sitzt, und zu deinem Körper. Öffne die Augen und streck dich.

Planetarische Meditation

Schließe deine Augen und atme ein paarmal tief ein und aus … Fühle, wie dein ganzes Sein in die Stille eintaucht … Fühle, wie der Friede Gottes, der über jegliches Verstehen hinausgeht, dich erfüllt … Erlaube deinem Geist und deinem ganzen Wesen, im Frieden zu sein …

Halte in diesem Zustand des Friedens und der Stille einen Moment lang inne und lausche, bis du erfährst, welche Eigenschaft dir in der kommenden Woche hilfreich sein wird … Es mag sich um eine Eigenschaft handeln, die auch der Planet zurzeit nötig hat …

Stell dir diese Eigenschaft als strahlenden Glanz hinter dir vor …

Schau, wie sich dieses Strahlen in deiner Vorstellung jetzt im ganzen Raum und darüber hinaus ausbreitet …

Schau, wie es langsam zum Dach aufsteigt … sich über das Gebäude, in dem du dich befindest, hinaus ausbreitet … über die Stadt … über die Landschaft … und über alle Länder auf dem Planeten – über Europa … den Nahen Osten … über Afrika … Asien … Australien und Neuseeland … über Nord- und Südamerika … über die Arktis und Antarktis … über alle Inseln … alle Ozeane … alle Flüsse und Seen …

Schau, wie sich der Planet Erde in diesem sanften strahlenden Glanz entfaltet ... Und schau, wie die Eigenschaft in den Planeten einsinkt, von jedem seiner Teile – einschließlich deiner selbst – aufgesogen wird ... Fühle, wie die Eigenschaft in dich einsinkt, um dich zu nähren und zu erhalten ... wie sie dich mit dem Licht ihrer Gegenwart erfüllt ...

Wenn du jetzt so weit bist, bring deine Aufmerksamkeit in den Raum zurück. Sei dir deiner selbst bewusst, wie du sitzt oder liegst und wo du bist. Achte genau auf deine Umgebung ... Öffne nun die Augen und schau dich im Raum um. Nimm ein paar tiefe Atemzüge und streck dich.

Männlich-weibliche Symbolmeditation

Schließe die Augen und atme ein paarmal tief ein und aus ... Erlaube deinem Körper, sich zu entspannen ... Achte auf alle Bereiche deines Körpers, die vielleicht angespannt sind, und entspanne dich bewusst ... Stell dir vor, wie sich die Entspannung in einer langsamen Welle in deinem Körper ausbreitet ...

Visualisiere deine Gefühle als einen großen See und schau zu, wie sich die Wasseroberfläche allmählich glättet und ruhiger und ruhiger wird, bis das Wasser völlig eben und still ist wie ein Spiegel ...

Richte deine Aufmerksamkeit auf deine Gedanken ... Achte auf alle Gedanken, die da sein mögen ... Folge ihnen einen Moment lang ... Lass sie dann dahintreiben ...

Lass ein Bild auftauchen, das den maskulinen Aspekt deiner selbst symbolisiert ... Nimm dir Zeit wahrzunehmen, wie es aussieht, seine Form, Größe, Farbe, Struktur ... Achte auch darauf, welche Gefühle du dazu hast ...

Tritt jetzt in das Bild ein ... Identifiziere dich damit. Erfahre, wie es ist, dieses Bild zu sein … Tritt jetzt aus dem Bild heraus und erfahre dich selbst als außerhalb stehend. Schau es dir von außen genau an …

Lass das Bild wieder los … Lass jetzt ein Bild erscheinen, das den femininen Aspekt deiner selbst symbolisiert … Nimm dir Zeit wahrzunehmen, wie es aussieht, seine Form, Größe, Farbe, Struktur … Achte auch darauf, welche Gefühle du dazu hast.

Tritt jetzt in das Bild ein … Identifiziere dich damit. Erfahre, wie es ist, dieses Bild zu sein … Tritt jetzt aus dem Bild heraus … Erfahre dich selbst als außerhalb stehend … Schau es dir von außen genau an …

Lass das Bild wieder los … Bring nun beide Bilder in ein Verhältnis zueinander. Schau zu, wie sie anfangen, sich zusammen zu bewegen, und wenn sie es tun, lass sie zusammen tanzen …

Lass aus der Vision der beiden Bilder ein drittes auftauchen, das die Verbindung zwischen den beiden anderen darstellt. Es kann die Mischung der beiden anderen Symbole sein oder ein Symbol, das von ihnen unabhängig ist. Wie auch immer, dieses dritte Symbol steht für die Verbindung der männlichen und weiblichen Aspekte in dir.

Nimm dir Zeit, um mit diesem Bild zu sein und zu erforschen, wie und was es ist … Wenn du so weit bist, tritt hinein … identifiziere dich damit. Erfahre, wie es ist, dieses Symbol zu sein …

Wenn du bereit bist, tritt aus dem Bild heraus und erfahre dich selbst als außerhalb stehend … Schau es dir genau an.

Wenn du so weit bist, bring deine Aufmerksamkeit wieder in den Raum zurück. Achte auf deinen Körper, auf den Stuhl, auf dem du sitzt, auf deine Umgebung.

Atme ein paarmal tief ein und aus, öffne die Augen und streck dich.

Die transformierende Macht der Liebe

Setze dich bequem hin, erlaube deinen Gedanken und Gefühlen, ganz im Frieden zu sein. Entspanne dich ... Atme ein paarmal tief ein und aus ... Wenn sich deine Körperhaltung unangenehm anfühlt, nimm dir einen Moment Zeit, um sie so lange zu verändern, bis sie bequem ist ...

Bring dir eine Zeit in Erinnerung, in der deine Liebe eine Situation oder das Leben eines anderen Menschen verändert hat, wenn auch nur für kurze Zeit ... Erlaube dir, diese Zeit noch einmal zu durchleben. Erschaffe sie im Geiste wieder ... Spüre sie in deinem Körper, in deinen Emotionen ... Woher kam die Liebe? War sie spontan – hat sie sich einfach eingestellt? Oder war es eine bewusste Handlung?

Visualisiere jetzt eine andere Situation in deinem Leben, eine, die eine Herausforderung darstellt ... Erschaffe die Situation noch einmal, während du dir die damit im Zusammenhang stehende Person geistig vor Augen führst. Erlebe deine Gefühle noch einmal, den Konflikt, den Schmerz oder die Schwierigkeit ...

Kehre zu dem Ort in dir zurück, an dem du zuvor die Macht der Liebe gespürt hast. Erfahre diese Kraft in dir noch einmal, fühle die Liebe ...

Richte diese Liebe, diese Kraft jetzt bewusst auf die Person oder Situation, mit der du Schwierigkeiten hast ... Stell dir jetzt vor, wie die Situation wäre, wenn sie verwandelt wäre. Wie wäre das? Wie würde sich das anfühlen? Erschaffe es ganz real für dich selbst ... Fühle, wie die Macht der Liebe durch deinen Körper strömt, durch dein Herz, durch dein ganzes Wesen ... Fühle, wie diese Energie dich erhebt ... Erfahre die transformierende Kraft der Liebe ...

Verlagere jetzt deine Energie und stell dir einen Aspekt der Welt vor, der bedürftig ist, im Konflikt, im Schmerz ... Sieh ihn bildlich vor dir – schau dir die Menschen an, die Erde, fühle, was sie fühlen, was die Erde fühlt. Werde eins mit all dem …

Zapfe jetzt bewusst das Reservoir der Liebe in dir an … Richte deine Liebe auf den Aspekt der Welt, den du ausgewählt hast … Fühle, wie sich dein Herz öffnet, und stell dir einen Strom der Liebe vor, der sich aus deinem Herzen ergießt und die Erde und die Menschen umfängt, der die ganze Situation erhöht und Freude und Frieden bringt … Schau, wie alles durch die Macht deiner Liebe transformiert wird …

Wie sieht es jetzt aus? … Erlaube deiner Vorstellung, die Situation vollkommen neu zu erschaffen … Stell dir die Gesichter der Menschen vor. Wie fühlen sie sich? … Wie sieht die Erde aus und wie fühlt sie sich? … Bestätige dir jetzt selbst:

Ich verfüge über die göttliche Macht,
die Welt durch göttliche Liebe zu verwandeln.
Ich sehe sie jetzt verwandelt.

Vergeben und Loslassen

Setze dich bequem hin und erlaube deinem Körper, sich zu entspannen. Atme ein paarmal tief ein und aus und bringe deinen Geist, deinen Körper und deine Gefühle in einen Zustand der Ruhe.

Versetze dich in einen sehr ruhigen, meditativen Zustand und denke an jemanden in deinem Leben, der dich verletzt oder dir großen Schmerz zugefügt hat. Stell dir diesen Menschen vor, wenn es dir möglich ist. Es mag ein Elternteil sein, ein Verwandter, ein Liebhaber, ein Ehepartner, ein Kind oder ein Freund. Es mag sogar jetzt noch große Schmerzen verursachen, an diesen Menschen und die betreffende Situation zu denken. Sei ganz dabei. Fühle dich tief in die gesamte Situation ein. Erlaube dem Schmerz, der Wut, dem Groll, der Eifersucht und allen negativen Emotionen, die du fühlen magst, sich zu zeigen …

Sei einfach da – mit allem, was du fühlst … Erkenne, dass das alles ein Teil von dir ist. Du kannst nicht davor weglaufen. Vielleicht ringst du mit der ganzen Situation. Vielleicht fühlst du, wie Tränen der Wut oder des Ärgers in dir aufsteigen. Lass sie fließen. Geh tiefer und tiefer …

Wenn du den Namen der Person aufschreiben möchtest, tu das. Wenn du deine Reaktionen aufschreiben möchten, tu das. Das Aufschreiben mag dir helfen, deinen Reaktionen Form und Inhalt zu geben. (Nimm dir mindestens fünf bis zehn Minuten Zeit dafür.)

Vergib dir jetzt, dass du dich so verletzt fühlst. Sag zu dir selbst: »Ich will aufhören, mich selbst zu bestrafen, indem ich mich verletzt fühle, weil (Name) mir das angetan hat (antut).«

Stell dir vor, dass der Mensch, dem du vergeben musst, jetzt vor dir steht. Schließe die Augen. Sag diesem Menschen: »Es wäre mir lieber gewesen, wenn du, was immer du gesagt oder getan hast, anderes gesagt oder getan hättest, doch das ist nicht so. Jetzt entscheide ich mich, dies alles loszulassen und frei davon zu sein. Ich will mich nicht länger unwohl fühlen. Darum lasse ich alle Forderungen, Erwartungen und Bedingungen los. Ich bestehe nicht länger auf meiner Forderung, dass du auf eine bestimmte Weise zu sein hast. Du bist absolut verantwortlich für deine Handlungen und ich lasse dich zu deinem Besten los.« …

Fühle jetzt, wie sich dein Bewusstsein ausdehnt. Verbinde dich mit der Liebe Gottes, mit deinem Höheren Selbst. Spüre, wie Mitgefühl und Liebe aus dieser Quelle fließen. Lass sie in dich hineinfließen und lass alle Bedingungen, Erwartungen und Forderungen los. Fühle die positiven Eigenschaften deines Höheren Selbst, des Teils von dir, der dich an allen Tagen deines Lebens schützt, liebt und nährt …

Halte die Augen geschlossen, fühle die Liebe deines Höheren Selbst und sage zu dem Menschen, an den du keine Forderungen, Bedingungen und Erwartungen mehr hast: »Ich sende diese Liebe aus meinem Höheren Selbst, dem Göttlichen Selbst, hin zu dir, wie du gerade bist.« … Fühle, wie diese Liebe aus dir heraus zu dem anderen Menschen fließt. Nimm dir Zeit, das zu fühlen und zu erfahren …

Achte jetzt auf deinen Körper. Wie fühlt er sich an? … Schau, ob du noch daran festhältst, dass jemand anders sein sollte, als er/sie ist. Wenn du noch kein Gefühl der Erleichterung verspürst, wiederhole den Vorgang. Durchlebe den Prozess mit jeder Tat, die du dem anderen vorwirfst. Du kannst nicht völlig vergeben, wenn du nur deinen Verstand einsetzt. Wenn du kein Gefühl der Erleichterung im Herzen spürst, gibt es vielleicht noch ein anderes Ereignis, das mit diesem in Verbindung steht, aber noch nicht in deinem Bewusstsein ist. Wenn das der Fall sein kann, frage einfach: »Wird dieser Vorgang durch etwas anderes blockiert?« Wenn ja, kommt es gewöhnlich sofort ins Bewusstsein. Verarbeite, was auch immer kommt. Wenn nichts hochkommt, sei dankbar dafür, dass du die Liebe des Göttlichen Selbst erfährst, und sende sie dem Menschen, dem du vergeben willst …

Wenn du das Gefühl hast, nicht weiterzukommen, kannst du folgende Übung machen: Stell dir einen Altar vor und lege die Person oder Situation auf diesen Altar. Sage zu dir selbst: »Gott, ich kann in dieser Situation nichts mehr tun. Ich überlasse sie dir. Bitte, nimm sie an.« … Wenn du das aus ganzem Herzen sagst, kann sich zwischen dir und dem Göttlichen etwas abspielen. Dann fühlst du dich vielleicht, als sei eine schwere Last von deinen Schultern genommen. Du bist frei – vielleicht zum ersten Mal seit Jahren.

Wenn du wahrhaft vergeben hast, bist du der betreffenden Person gegenüber nicht mehr gleichgültig. Du versuchst auch nicht, sie zu meiden, weil das leichter wäre. Wahrhaftig zu vergeben bedeutet, den verletzten Stolz loszulassen und sich dem betreffenden Menschen gegenüber genauso zu verhalten wie vor dem Ereignis, das die Verletzung verursacht hat.

Bitte Gott, dir zu helfen. Sag einfach: »Hier ist mein Herz, mein geliebter Gott. Reinige es. Erneuere meinen Geist, damit ich liebevoll mit der betreffenden Person umgehen kann. Ich ruhe in deiner Stille und im Frieden. Dafür danke ich dir.« …

Danke für alles, was geschehen ist, auch wenn du das Gefühl hast, dass es noch nicht abgeschlossen ist. Sei tief in deinem Innern gewiss, dass etwas geschieht, und sieh, wie es geschieht. Dazu gehört Vertrauen. Ohne Vertrauen ist das Leben leer.

Mit der Vergebung kommen Freiheit, Freude und Glück. Du hast all die kleinen Haken gelöst, die dich an diese Person und Situation geklammert haben. Jetzt bist du absolut frei. Wenn du willst, kannst du mit dieser Affirmation arbeiten: *Ich trete in ein Bewusstsein der Liebe und Vergebung ein.*

Mit diesem Gefühl der Freiheit im Herzen bringst du deine Aufmerksamkeit in deinen Körper und in den Raum zurück und öffnest die Augen.

Inneren Frieden herstellen

Du kannst diese Übung machen, wann immer du unter Angst, Sorge oder Unentschlossenheit leidest.

Setze dich mit aufrechter Wirbelsäule auf einen Stuhl oder auf den Boden. Achte darauf, dass du bequem sitzt, nimm ein paar tiefe Atemzüge und schließe die Augen. Entspanne deinen Körper, beruhige deine Emotionen und lass deinen Geist ganz still werden …

Streck dich nun innerlich nach deinem Höheren Selbst aus, nach deiner Quelle, dem Göttlichen im Innern und verbinde dich dort mit dem Frieden … Stell dir einen stillen See vor. Nimm wahr, welche Ruhe dieser friedvolle See ausstrahlt …

Atme den Frieden ein … Lass ihn in deinen Geist einfließen … in deine Gefühle … in deinen Körper … Lass dich von diesem Frieden erfüllen, lass dein Bewusstsein davon durchdringen … Ruhe ganz in diesem Frieden.

Nimm jetzt Kontakt mit deinem Willen auf … Prüfe deine Bereitschaft, die Entscheidung zu treffen, die jetzt ansteht … Achte darauf, dass du über der Angst und Besorgnis stehst, und frage dein inneres Selbst: »Was will diese Angst mir sagen?« …

Stell noch andere Fragen, die dich zurzeit bewegen, und denk daran: Dies ist kein gedanklicher Vorgang. Versuche nicht, dir eine Antwort auszudenken. Wenn du merkst, dass du denkst, streck dich innerlich noch ein Stück weiter. Lass die Antwort aus deinem Höheren Selbst kommen, das in deinem Innern wohnt. Warte darauf, dass die Antwort kommt …

Wenn du dich in vollkommenem Frieden fühlst und die Antworten auf deine Fragen gefunden hast, werde dir deines Körpers bewusst und öffne die Augen. Geh deiner täglichen Arbeit nach und nimm den Frieden dorthin mit. Bestätige dir selbst:

Ich bin das Selbst. Ich habe die Wahl.
Ich übernehme die Verantwortung für meine Handlungen,
mein Selbst und meine Gefühle.
Ich bin das Selbst, ich bin die Führung.

Meine Beziehung zu Gott

Die folgenden Fragen sollen dir helfen, Einblick in deine gegenwärtige Beziehung zu Gott zu bekommen. Nimm dir Zeit für diese Übung und lege dir ein Notizbuch und einen Stift bereit. Lass eine Frage nach der anderen in dein Bewusstsein treten. Gib dir Zeit, um innerlich Kontakt mit der Antwort aufzunehmen. Schreibe sie in dein Notizbuch. Kehre dann wieder in die Stille zurück und gestatte dir eine kurze Zeit der Ruhe, bevor du zur nächsten Frage übergehst.

Suche dir einen ruhigen Platz und setze dich bequem mit aufrechter Wirbelsäule hin. Erlaube deinem Körper, sich zu entspannen … Schließe die Augen … Nimm ein paar tiefe Atemzüge … Fühle, wie die frische Luft dich ganz erfüllt und dir Frieden bringt … Fühle, wie dieser Friede dein gesamtes Sein erfüllt – deinen Körper … deinen Geist … deine Gefühle …

Stelle dir nun eine Frage nach der anderen …

1. Wie viel Zeit am Tag verbringe ich mit Gott?
2. Was hilft mir in meinem Kontakt mit Gott?
3. Wie organisiere ich meine Zeit, um täglich etwas davon Gott widmen zu können?
4. Welche Techniken der Meditation, des Gebets und des Studiums wende ich an? Welche Vorteile ziehe ich daraus?
5. Wie organisiere ich meine Zeit für Gebet und Meditation? (Erwähne Ermutigendes, aber auch Probleme, die du vielleicht mit Gebet und Meditation hast.)
6. Ist die Stille ein wichtiger Teil meiner Zeit mit Gott? Habe ich Probleme mit der Stille oder Vorteile davon, oder beides?
7. Auf welche Weise spricht Gott zu mir? (Gib ein paar praktische Beispiele.)

8. Wie halte ich während des Tages eine enge Beziehung zu Gott aufrecht?
9. Ist Anbetung ein wichtiger Faktor für meinen Kontakt mit Gott? Wie bete ich an? (mit Gesang, Tanz, Schweigen, Lachen und so weiter)
10. Wie wirkt sich ein erfülltes und beständiges spirituelles Leben auf meine Beziehungen zu anderen Menschen aus?
11. Faste ich? Wenn ja, habe ich davon irgendwelche Vorteile?
12. Welche Bücher helfen mir?
13. Welchen Problemen begegne ich in meiner spirituellen Praxis am häufigsten?

Schaue dir deine Antworten noch einmal an und beobachte deine Reaktion darauf. Stimmen die Antworten dich froh? Gibt es etwas, das du aufgrund dessen, was du durch diese Übung gelernt hast, an dir selbst verändern möchtest? Was kannst du dafür tun? Gibt es etwas, wozu du dich verpflichten möchten?

Wie denke ich über Vertrauen und Gebet?

Die folgenden Fragen können dir helfen, Einsichten in deine gegenwärtigen Gedanken über Vertrauen und Gebet zu gewinnen. Nimm dir Zeit für diese Übung und lege ein Notizbuch und einen Stift bereit. Lass eine Frage nach der anderen in dein Bewusstsein treten. Gib dir Zeit, um innerlich Kontakt mit der Antwort aufzunehmen. Schreibe sie dann in dein Notizbuch. Kehre in die Stille zurück und gönne dir eine kurze Zeit der Ruhe, bevor du zur nächsten Frage übergehst.

Suche dir einen ruhigen Platz und setze dich bequem mit aufrechter Wirbelsäule hin. Erlaube Deinem Körper, sich zu entspannen … Schließe die Augen … Nimm ein paar tiefe Atemzüge … Fühle, wie die frische Luft dein ganzes Sein erfüllt und dir Frieden bringt … deinem Körper … deinem Geist … deinen Gefühlen …

Stelle dir jetzt eine Frage nach der anderen …

1. Was bedeutet Vertrauen für mich?
2. In welcher Situation habe ich im Vertrauen gehandelt und es ist hervorragend ausgegangen?
3. Kann ich Gottes Hand in allem sehen?
4. Kann ich glauben, dass aus allem Gutes entsteht?
5. Nehme ich mir Zeit, um ein Gebet zu sprechen, wenn ich Hilfe brauche?
6. Was bedeutet mir das Gebet?
7. Vertraue ich darauf, dass es erhört wird?
8. Weiß ich, zu wem ich bete, wenn ich bete?
9. Glaube ich, dass das Gebet ein machtvolles Werkzeug ist, das mir zur Verfügung steht? Oder kümmere ich mich gar nicht darum?
10. Was bedeutet mir meine innere Arbeit? Wie nehme ich sie in Angriff?
11. Kann ich ohne Glauben und Vertrauen und ohne das Bedürfnis nach Veränderung und stetigem Wandel ein spirituelles Leben führen?
12. Wie reagiere ich auf Veränderungen?
13. Wie finde ich Freiheit und Freude des Geistes?

Schaue dir deine Antworten noch einmal an und beobachte deine Reaktion darauf. Stimmen die Antworten dich froh? Gibt es etwas, das du aufgrund dessen, was du durch diese Übung gelernt haben, an dir selbst verändern möchtest? Was kannst du dafür tun? Gibt es etwas, wozu du dich verpflichten möchtest?

Wie ist es um meine Fähigkeit zu lieben bestellt?

Die folgenden Fragen und Gedanken können deine Einsichten in deine momentane Fähigkeit zu lieben bescheren. Nimm dir Zeit für diese Übung und lege dir ein Notizbuch und einen Stift bereit. Lass eine Frage nach der anderen in dein Bewusstsein treten. Gib dir Zeit, um innerlich Kontakt mit der Antwort aufzunehmen, und schreibe sie dann in dein Notizbuch. Kehre in die Stille zurück und gönne dir eine kurze Zeit der Ruhe, bevor du zur nächsten Frage übergehst.

Suche dir einen ruhigen Platz und setzen dich bequem mit aufrechter Wirbelsäule hin. Erlaube deinem Körper, sich zu entspannen… Schließe die Augen… Nimm ein paar tiefe Atemzüge… Fühle, wie die frische Luft dein ganzes Sein erfüllt und dir Frieden bringt… deinem Körper… deinem Geist… deinen Gefühlen…

Stelle dir jetzt eine Frage nach der anderen…

1. Ich kann nicht geben, was ich nicht habe.
   Habe ich Liebe in meinem Herzen?
   Bin ich ein liebevoller Mensch?
   Suche und sehe ich das Beste in jedem Menschen? Wenn ich das habe und auf diese Weise lebe, kann ich Liebe geben.

2. Ich kann nicht lehren, was ich nicht verstehe. Um Liebe lehren zu können, muss ich wissen, wovon ich spreche.
   Kenne ich die Bedeutung der Liebe?
   Weiß ich, wie es sich anfühlt zu lieben?
   Kann ich über das Äußere hinausschauen und den göttlichen Funken im Inneren einer jeden Seele erkennen?
   Wenn ich das alles kann, fange ich an, die Liebe zu verstehen.

3. Ich kann nicht wertschätzen, was ich nicht erkenne. Um Liebe erkennen zu können, muss ich für die Liebe empfänglich sein.
Bin ich empfänglich für die Liebe?
Erkenne ich die Liebe, wenn ich sie sehe und fühle? Schätze ich die Liebe und was sie mir bedeutet? Schätze ich, was ich anderen mit Liebe geben kann?

4. Ich kann nicht hereinlassen, was ich mir selbst nicht gewähre. Um Liebe gewähren zu können, muss ich verletzbar sein.
Bin ich offen für die Liebe und verletzbar?
Habe ich Angst vor der Liebe, weil mir vielleicht Schmerz zugefügt wird oder ich zurückgewiesen werde?
Pflanze ich eine stachelige Hecke um mich herum, um mich vor der Liebe zu schützen?

5. Ich kann keine Zweifel an dem haben, dem ich vertrauen möchte. Um der Liebe vertrauen zu können, muss ich von der Macht der Liebe überzeugt sein.
Bin ich überzeugt, dass die Liebe die stärkste Energie des Universums ist?
Bin ich überzeugt, dass Gott Liebe ist?
Liebe ich Gott, das Göttliche in mir?

6. Ich kann nichts leben, dem ich mich nicht widme. Um mich der Liebe hingeben zu können, muss ich beständig in der Liebe wachsen.
Widme ich mich der Liebe?
Glaube ich, dass die wichtigste Lektion, die es im Leben zu lernen gibt, im Lieben besteht?
Wenn ich mich der Liebe nicht zuwende, warum tue ich es nicht? Was kann ich tun, um das zu ändern?

Schaue dir deine Antworten noch einmal an und beobachte deine Reaktion darauf. Stimmen die Antworten dich froh? Gibt es etwas, das du aufgrund dessen, was du durch diese Übung gelernt haben, an dir selbst verändern möchtest? Was kannst du dafür tun? Gibt es etwas, wozu du dich verpflichten möchtest?

VIERTER TEIL

FRAGEN AN EILEEN CADDY

Wie lautet Ihre Definition von Gott?
Gott ist bedingungslose Liebe. Gott ist überall und in allem. Gott ist wie unser Atem – immer in uns. Das Göttliche ist in einem jeden von uns. Das heißt, dass in jedem von uns bedingungslose Liebe wohnt. Wir sind ihrer nur nicht immer gewahr oder können sie vielleicht nicht annehmen. Es ist wichtig, dass wir offen und achtsam sind, um sie erkennen und akzeptieren zu können.

Wie hat sich Ihre Sicht von Gott über die Jahre verändert?
Ich wuchs in einer sehr liebevollen christlichen Familie auf. Ich wurde angehalten zu beten und ging zur Kirche und zur Sonntagsschule. Eine Zeit lang schloss ich mich der Christian Union an, doch in dieser Lebensphase war Religion keine lebendige Überzeugung für mich. Ich glaube, es war die Liebe zu meinem Vater, die mich zur Kirche gehen ließ, damit ich sein konnte wie er.

Als ich die Stimme zum ersten Mal hörte, ging ich durch eine extrem schwere Phase meines Lebens. Ich stand sozusagen mit dem Rücken zur Wand. Ich befand mich zu Besuch in einem Privathaus in Glastonbury und betete dort in einem kleinen Zimmer, das als Sanctuary (Heiligtum, Sanktuarium) bezeichnet wurde. Im Gebet sagte ich: »Gott, mein Leben ist in solcher Unordnung, was soll ich nur tun?« Und ich hörte eine innere Stimme sagen: »Sei ruhig und wisse, Ich bin Gott.« Die Stimme fügte hinzu, dass alles in Ordnung sei, wenn ich auf sie hören und ihr gehorchen würde. Das war sehr bedrohlich. Ich wurde stocksteif vor Angst und dachte, ich hätte einen Nervenzusammenbruch.

Seit dieser Zeit erhielt ich hin und wieder Bruchstücke von Weisungen, die immer mit »Mein Kind« anfingen, gefolgt von einer Botschaft. Es war, als spräche ein liebender Vater zu seinem Kind. Als ich die Stimme allmählich lieben lernte, begann sie mich »Mein geliebtes Kind« zu nennen und dann »Meine Geliebte«. So blieb es einige Jahre lang.

Eines Tages sagte ich »Dein Wille geschehe« – und merkte plötzlich, dass ich mich gerade selbst von Gott getrennt hatte. Da war Gott und dort war Eileen und irgendwie stimmte etwas nicht mit dieser Trennung. Wieder und wieder bekam ich Weisungen, die besagten: »Wir sind eins, es gibt keine Trennung«, aber ich hatte es noch nicht mit dem Herzen erkannt. Ich fühlte mich scheußlich mit dieser Aussage, die mich von Gott trennte, aber gleichzeitig dachte ich, wenn ich von Herzen davon überzeugt wäre, dass Gott und ich eins sind, wäre ich eine Ketzerin. Allmählich, ganz allmählich wuchs jedoch das Gefühl in mir, dass Gott im Innern ist. Und das ist mittlerweile zu einer tiefen inneren Gewissheit geworden. Es ist in mir lebendig geworden. Ich weiß mit meinem ganzen Sein: Gott und ich sind eins. Es gibt keine Trennung. Gott ist in mir.

Es war also ein Prozess. Es ist nicht einfach passiert. Ich musste damit arbeiten, damit sein, damit leben und es verkörpern, bis ich wusste, ja, ich bin die Weisung. Was durch mich kommt, kommt aus dem allerhöchsten Teil meines Wesens, aus der Göttlichen Quelle.

Mein Leben bestand aus Veränderung, aus ständiger Veränderung, und das war nicht leicht. Es gab sogar eine Zeit, in der mir gesagt wurde: »Hör jetzt auf, Weisungen zu bekommen und sie aufzuschreiben. Lerne, sie zu leben, zu sein und zu demonstrieren.

Verkörpere die Energie.« Darum geht es in meinem Leben: um die Bereitschaft, sich zu verändern und immer wieder zu verändern.

Es fühlt sich freudig an. Ich fühle wahre Freude. Es ist die Freude und die Schönheit in allem. Sie müssen nach dem Besten suchen. Sie können auch nach dem Schlechtesten Ausschau halten. Sie haben die Wahl. Doch um das Göttliche im Innern fühlen zu können, müssen Sie nach dem Allerbesten in allem suchen. Schauen Sie sich die Situation an, in der Sie sich befinden. Wo leben Sie? Wer ist in Ihrer Umgebung? Was tun Sie? Können Sie nach dem Besten in allem Ausschau halten? Zentrieren Sie sich, bevor Sie den Fernsehapparat oder das Radio einschalten, damit Sie nicht in all die Negativität hineingezogen werden, in all das Chaos und die Verwirrung um Sie herum. Suchen Sie das Beste in jeder Situation. Das ist nicht immer leicht.

Warum fühlen sich die Menschen von Gott angezogen und fürchten ihn gleichzeitig?

Ich glaube, dass ein Zauber darin liegt, von Gott angezogen zu werden, aber wenn wir uns dem Göttlichen im Inneren in der Stille nähern, haben wir Angst, dass wir vielleicht gebeten werden, etwas zu tun, was wir nicht tun möchten. Doch genau dem müssen wir uns hingeben. Wir haben Angst, unsere Identität zu verlieren. Und wenn ich meine Identität verliere, was passiert dann? Das verstehe ich sehr gut, weil ich dieses Gefühl in einer bestimmten Phase meines geistigen Wachstums auch hatte. Wenn wir mit etwas Schwierigem konfrontiert werden, kommen wir in Versuchung, es zu ignorieren oder davor wegzulaufen. Ich habe diese Ängste durch Gebet und Meditation überwunden. Ich habe Zeit in der Stille verbracht, in Gemeinschaft mit dieser erstaunlichen inneren Stimme, die mir sagte: »Ich bin immer bei dir.« Ich bat um Hilfe in der Gewissheit, dass wir alles bekommen, worum wir bitten, und alles finden, wonach wir suchen. Als ich sah, welche wundervollen Dinge sich in meinem Leben ereigneten, wurde mein Glaube immer stärker, bis er felsenfest war.

Welches waren die wichtigsten Lektionen in den ersten Etappen Ihres spirituellen Trainings?

Selbstdisziplin und Gehorsam gehörten zu den wichtigsten Lektionen. Mir wurden beispielsweise bestimmte Zeiten vorgegeben, zu denen ich meditieren sollte: 6.00 Uhr, 12.00 Uhr und 21.00 Uhr. Später begann ich dann, nachts aufzustehen, um zu beten und einfach auf Gott zu warten. So habe ich es genannt: Warten auf Gott. Acht Jahre lang schlief ich jede Nacht nur zwei Stunden. Mir wurde gesagt, dass ich durch eine Reinigungsphase gehen müsse. Ich sollte eine Rohkost-Mahlzeit pro Tag zu mir nehmen und nur Wasser trinken.

Das war gegen Ende der Sechzigerjahre und dauerte neun Jahre. Es war meine Lektion in Disziplin. Disziplin ist wirklich etwas Wunderbares. Sie ist sehr befreiend. Doch alle Disziplin kam von innen. Niemand außerhalb meiner selbst sagte mir, was ich zu tun hätte. Es ist wichtig, dass jeder von uns seine Anweisungen aus dem eigenen Innern bekommt. Sie mögen für einen jeden von uns anders sein. Und wir müssen unseren eigenen inneren Weisungen folgen und nicht etwas tun, nur weil jemand uns dazu auffordert. Es ist auch wichtig, dass Sie Ihren Weisungen oder inneren Eingebungen entsprechend handeln. Es ist nicht gut, sehr klare Weisungen zu bekommen oder schöne Visionen zu haben und daraufhin nichts zu tun. Hier kommt der Gehorsam ins Spiel. Es ist wichtig zu handeln.

Was tun Sie im Alltag, um sich mit dem Geistigen zu verbinden?
Als Erstes sage ich jeden Morgen: »Hier bin ich, Gott, gebrauche mich auf beliebige Art und Weise.« Ich biete mich an, auf jegliche Weise gebraucht zu werden, und zwar in dem Bewusstsein, dass ich die Konsequenzen dieses Angebots tragen muss. Nachdem ich zuerst den Abschnitt des Tages aus »Herzenstüren öffnen« gelesen habe, nehme ich mir Zeit für Gebet und Meditation. Das tue ich in meinem Schlafzimmer, bevor ich in das Sanctuary gehe, um dort weiter zu meditieren. Ich habe das Gefühl, dass ich hier im Meditationsraum die Christus-Energie für die ganze Gemeinschaft verankere. Ich bin da, um mich selbst zu zentrieren, ins Gleichgewicht zu bringen und zu stabilisieren. Dann gehe ich in meinen Alltag und lebe es.

Ich tue alles mit Liebe und sehe Gottes Hand in allem, was um mich herum geschieht, sowohl in all den kleinen Dingen als auch in den großen. Es ist so wichtig, sich all dessen gewahr zu sein, was in unserer Umgebung geschieht.

So viele Dinge haben mir etwas zu sagen. Ein Beispiel, das ich oft nenne, ist die Amsel, die ich am frühen Morgen singen höre. Sie sagt mir, dass wir mehr Freude brauchen, dass wir viel zu ernst sind. Wohin ich auch schaue, sehe ich Gottes Hand und ich danke ständig, weil ich weiß, dass dies alles kleine Botschaften Gottes sind. Ich halte meinen Geist und mein Herz immer geöffnet, damit ich erkennen kann, was mir gesagt wird.

Ja, das glaube ich. Gott hat einen Plan, obwohl es mir zuweilen sehr schwergefallen ist, das zu erkennen. Manchmal habe ich mich gefragt: »Wo führt das hin? Was ist nur los?« Dann waren Glaube und Vertrauen wichtig. Ich musste meiner inneren Stimme glauben, darauf vertrauen, dass Gott weiß, was am besten ist. Dieser Plan gilt auch für die kleinen Dinge. Warum sollten die kleinen Dinge ausgelassen sein? Wenn Sie wirklich geführt werden, sind Sie immer zur rechten Zeit am rechten Ort und tun genau das Richtige. Es ist wichtig, dass Sie auf Ihre inneren Eingebungen hören und ihnen folgen.

Ich glaube, es ist besonders wichtig, sich daran zu erinnern, wenn Sie mit Schwierigkeiten konfrontiert sind. Wie gehen Sie damit um? Sehen Sie sie als Stolpersteine, als Hindernisse, als Fehler oder können Sie sie als Pflastersteine auf dem Weg sehen, der Sie näher zu Gott führt? Diese Entscheidung liegt immer bei Ihnen.

Zurzeit gibt es in den Medien viele Geschichten von Menschen, die direkte Erfahrungen mit Engeln und anderen göttlichen Erscheinungen gemacht haben. Warum glauben Sie, dass Gott den Menschen zurzeit so direkt begegnet?

Ich glaube, das hat etwas mit Angst zu tun. Die Angst ist unser größter Feind, das, was uns wirklich zurückhält. Weil zurzeit so viel davon um uns herum ist, brauchen die Menschen etwas, woran sie sich festhalten können. Sie hungern nach geistiger Nahrung. Es ist so furchtbar, dass es uns erst richtig schlecht gehen muss, bevor wir uns an Gott in unserem Inneren wenden. Doch genau das geschieht. Die Menschen bitten um Hilfe und Gott antwortet. Wenn wir verzweifelt genug sind, öffnen wir uns für Dinge, an denen wir uns festhalten können, die außerhalb unserer normalen materiellen Erfahrung liegen. Geistige Nahrung ist so wichtig.

Manche Menschen sagen, dass das Christus-Bewusstsein bald kommt. Glauben Sie das?

Ich bin des Christus-Bewusstseins gegenwärtig sehr gewahr. Es ist eine unglaublich machtvolle und transformierende Energie, die jedem von uns innewohnt. Wir können die Dunkelheit in Licht verwandeln – und Jesus hat gesagt, dass wir das Licht der Welt sind, jeder Einzelne von uns. Ich hatte eine Christuserfahrung und fühlte diese unglaubliche Christus-Energie in mir. Das war vor ein paar Jahren, als ich anfing, diese neue Energie in mir und auf dem ganzen Planeten wahrzunehmen. Es war ein Gefühl enormer Erregung wie ein elektrisches Schwirren in jedem Atom und im ganzen Äther. Je mehr Menschen dessen gewahr werden, desto schneller wird die große Transformation stattfinden. Jeder von uns trägt seinen Teil dazu bei, dass wir uns alle der Christus-Energie um uns herum, in uns und in allen anderen Wesen bewusster werden.

Wie können wir unseren Kindern helfen, das Geistige in ihr Leben zu bringen?
Als ich mit meinen drei Söhnen in einem sehr kleinen Wohnwagen lebte, ging es nicht darum, über spirituelle Dinge zu reden, sondern darum, die geistigen Prinzipien zu leben. Das färbte auf sie ab. Ich habe niemals vorgeschlagen, dass wir zusammen beten oder meditieren. Sie wussten jedoch, wenn sie im Bett waren, verbrachten Peter, Dorothy und ich Zeit in der Stille und lauschten Gott oder schickten Licht aus, Licht und Frieden zu vielen Menschen und Orten auf der ganzen Welt. Am nächsten Morgen erzählten wir dann, welche Botschaften wir bekommen hatten, und sie wussten, was vor sich ging. Wenn sich einer von ihnen still hinsetzen wollte, während wir erzählten, konnte er das tun, und manchmal taten sie es. Wir haben auch alle Fragen beantwortet, die sie hatten, aber wir haben ihnen nie irgendetwas aufgedrückt. Leben und zeigen Sie bedingungslose Liebe in Ihrer familiären Umgebung und Ihre Kinder werden sie aufnehmen. Sie sind wie Löschpapier.

Wie kann ich die Angst vor der enormen Macht, die mir zur Verfügung steht, überwinden?
Erkennen Sie zunächst einmal, wo diese enorme Macht herkommt. Sie kommt von Gott, von dem Göttlichen in Ihnen selbst. Ver-

bringen Sie täglich Zeit im Gebet und in der Meditation und verbinden Sie sich mit dieser Quelle. Tun Sie etwas, das Ihnen hilft, Ihren Geist und Ihren Körper zu reinigen, damit Sie ein klarer, reiner Spiegel sein können. Haben Sie keine Angst, sondern seien Sie gewiss, dass mit Gott alles möglich ist. Danken Sie Gott für das, was schon erreicht ist, schreiben Sie es nie Ihrem niederen Selbst zu. Erlauben Sie sich selbst, ein Gefäß für bedingungslose Liebe zu sein, und schauen Sie die Wunder, die geschehen werden.

Wie kann man den Geist der Findhorn Foundation in den eigenen Alltag tragen?
Durch Gebet und Meditation. Es ist Zeitverschwendung, wenn Sie hier einen Kurs belegen und sobald Sie wieder zu Hause sind vergessen, dass Sie so sind, wie Sie denken, und Entsprechendes erschaffen werden. Vielleicht fallen Sie gleich in dieselben alten Muster zurück oder Sie setzen in die Praxis um, was Sie in Findhorn gelernt haben, und alles geht glatt, bis Sie mit einer Herausforderung oder einer Prüfung konfrontiert werden. Sie sind in einer schwierigen Situation oder mit etwas nicht einverstanden, Sie haben einer inneren Eingebung zu folgen und weigern sich, das zu tun. Sie stellen fest, dass Sie blockiert sind, und fragen sich, warum. Vergessen Sie nie, dass Hilfe da ist, wenn Sie von ganzem Herzen darum bitten. Gott weiß, was am besten für Sie ist. Warum also folgen Sie nicht den Weisungen oder der intuitiven Idee, die Ihnen gegeben worden ist, und schauen zu, wie sich in Ihrem Leben eine Tür nach der anderen öffnet. Auf dieser Basis wurde unser Zentrum gegründet. Widerstand verursacht Blockaden. Erinnern Sie sich daran, dass Sie Ihre geistige Arbeit nur selbst verrichten können. Hören Sie also auf, sich nach jemand anderem umzuschauen, um Antworten zu finden. Wenden Sie sich nach innen und pflegen Sie die Beziehung zu Ihrer inneren Führung. Finden Sie her-

aus, wie sie zu Ihnen spricht, damit Sie sie klar und deutlich hören und entsprechend handeln können.

Werden wir das Jahr 2000 je erleben? Wird es Naturkatastrophen, Atomkriege oder eine Verlagerung der Erdachse geben, Dinge, die den Tod und die Vernichtung des größten Teils der Menschheit zur Folge haben würden?

Warum sollten wir das Jahr 2000 nicht erleben? Es vollziehen sich bereits jetzt enorme Veränderungen auf der ganzen Welt – Naturkatastrophen, Erdbeben, Überschwemmungen, Hungersnöte und von Menschen angezettelte Kriege. Ich bin überzeugt, dass wir das erschaffen, was wir denken. Unser größter Feind ist die Angst. Wir können die Angst durch liebevolle, positive, konstruktive und friedvolle Gedanken ersetzen. Woraus beziehen Sie Ihre Sicherheit? Kommt sie von Gott? Schauen Sie sich das einmal genau an. Wenn Sie Ihre Sicherheit von Gott bekommen, wovor müssen Sie dann Angst haben?

Nehmen Sie sich Zeit, still zu sein, nach innen zu gehen und sich Fragen zu stellen. Finden Sie die Antworten und schreiben Sie sie auf. Warum zu weit vorausschauen? Warum sich den Kopf darüber zerbrechen, was in Zukunft geschieht? Nehmen Sie Ihr Vertrauen und Ihren Glauben von Gott. Nutzen Sie Gebet, Meditation und Vertrauen, denn Vertrauen ist die Substanz all dessen, was wir erhoffen, der Beweis für das Nicht-Sichtbare.

Seien Sie nicht wie der Vogel Strauß, der seinen Kopf in den Sand steckt und so tut, als sei nichts geschehen, denn wir alle wissen, dass sehr viel passiert. Es ist die Reinigung des Planeten, die vor sich geht. Arbeiten Sie im Glauben und im Vertrauen und mit der tiefen inneren Gewissheit, dass aus jeder Veränderung nur das Höchste und Beste hervorgehen wird. Suchen und erkennen Sie das Allerbeste und ziehen Sie es an.

Je mehr Menschen so denken, desto schneller werden wir alle die Schwingungen des Planeten erhöhen. Vergeuden Sie nie Zeit oder Energie mit negativen Gedanken. Ihr positives Denken ist lebenswichtig.

Welchen Rat können Sie Anfängern in der Meditation geben?
Am allerwichtigsten ist, dass Sie lernen wollen. Sie müssen lernen wollen, wie Sie Gott in allem den Vorrang geben. Wenn Sie das nicht wirklich wollen, brauchen Sie sich gar nicht erst zu bemühen. Es ist wichtig, dass Sie Ihre eigene Meditationstechnik finden, eine, mit der Sie sich wohlfühlen. Eine sehr einfache Methode ist, innerlich immer wieder zu wiederholen »Sei still« oder »Ich bin«.

Suchen Sie sich einen ruhigen Platz und setzen Sie sich aufrecht auf einen bequemen Stuhl oder auf den Boden. Schließen Sie die Augen, atmen Sie tief ein und aus und kommen Sie in einen schönen, stetigen Rhythmus. Ich atme ein und zähle dabei bis vier, halte den Atem an, während ich nochmal bis vier zähle, und atme aus, während ich wiederum bis vier zähle. Sie können das so lange fortsetzen, wie Sie selbst möchten, oder Sie beginnen, Ihren Satz zu wiederholen. Sie können mit fünf bis zehn Minuten am Tag anfangen und diese Zeit dann verlängern, wenn Sie es möchten. Stellen Sie sich zum Abschluss Ihrer Zeit in der Stille vor, dass Sie dem Planeten Liebe senden. Danken Sie für alles und jeden, denn Dankbarkeit hält das Herz offen und die Liebe im Fluss.

Entwickeln Sie Disziplin und Gehorsam. Wenn Sie sich eine bestimmte Zeit für die Meditation vornehmen, halten Sie sie ein, seien Sie pünktlich. Es ist sehr leicht, Ausreden zu finden, warum man nicht tut, was man sich vorgenommen hat. Es ist immer möglich, ein Vorhaben auszuführen, wenn Sie das wirklich wollen. – Ich hatte drei kleine Kinder und lebte mit ihnen und zwei anderen Erwachsenen viele Jahre lang in einem sehr kleinen Wohnwagen.

Dennoch habe ich Zeit gefunden, meine »Verabredungen« mit Gott einzuhalten.

Wenn Sie Weisungen oder intuitive Eingebungen erhalten, schreiben Sie sie auf – und folgen Sie ihnen. Das hält die Tür offen und die Anweisungen sind schwarz auf weiß greifbar.

Arbeiten Sie mit Geduld, Ausdauer und Beharrlichkeit. Wenn Sie Ihren Fuß erst einmal auf den geistigen Weg gesetzt haben, gehen Sie weiter. Schauen Sie niemals zurück.

Ein Satz, der in Ihren Büchern oft auftaucht, ist: »Alles ist sehr, sehr gut.« Warum sagen Sie das?

Es ist wichtig, dass wir Gottes Plan vertrauen. Rein äußerlich scheinen die Dinge vielleicht in Unordnung zu sein, doch auf einer anderen, höheren Ebene ist alles sehr, sehr gut und alles geschieht genau zur rechten Zeit. Alles, was wir durchleben, ist eine wichtige Lektion, die gelernt werden muss. Es ist so leicht, sich in all das Verheerende hineinziehen zu lassen, das uns umgibt, und ein Teil des Leidens zu werden. Indem wir vertrauen und uns selbst in Gott zentrieren, anstatt der Negativität anheimzufallen, können wir offen genug bleiben, um auf dieser Ebene zu helfen, indem wir Liebe in all diese negativen Situationen senden. Das ist meine Art und Weise, es zu tun. Es ist die Liebe, die heilt. Es ist die Liebe, die ganz macht. Hören Sie einfach nicht auf zu lieben.

Mit Liebe meine ich bedingungslose Liebe. Es ist Liebe, die keine Erwartungen hat, Liebe, die nichts zurückfordert. Sie erlegt dem Willen, Gutes zu tun, keine Beschränkungen auf und ist nicht von Zuneigung, Zuwendung oder einer Reaktion abhängig. Halten Sie Ihr Herz offen, egal was passiert, wie schmerzhaft es auch sein mag. Lassen Sie die Liebe fließen, die Erkenntnis, dass wir eins sind mit Gott. Es gibt keine Trennung. Das ist es, worum es geht.

Eine Weisung, die ich erhielt, besagte: »Fühle dich selbst in Meiner Gegenwart, geh mit Mir, sprich mit Mir. Lass das Wunder unserer Einheit in dein Bewusstsein sinken, denn alles entsteht aus dieser Beziehung. Manchmal hast du das Gefühl, dass dies unmöglich ist. Wie kann das nur sein? Mit Mir ist nichts unmöglich, absolut gar nichts. Diesen Zustand vollkommener Einheit kannst du jetzt in diesem Moment erleben.«

Ich musste erkennen, dass da nicht Gott und Eileen waren, da war nur Eins, absolute Einheit. Wir haben es alle in uns. Jesus sagte: »Das Königreich Gottes ist in dir.« Wenn sie sich auch auf verschiedene Weise manifestiert, haben wir doch alle diese Kraft in uns.

Thorwald Dethlefsen

Der Diplompsychologe und Psychotherapeut Thorwald Dethlefsen (geb. 1946) wurde durch seine Bestseller »Krankheit als Weg« und »Schicksal als Chance« einem Millionenpublikum bekannt. Er entdeckte das zentrale Grundmuster, das hinter dem Schicksal eines jeden Menschen steht: Der Mensch lebt in der Polarität und agiert zwischen Schuld und der Sehnsucht nach Ganzwerdung. Er kann die Erlösung aber nur dann erreichen, wenn er lernt, den Weg nach innen zu gehen.

Dethlefsen widmete sein gesamtes Leben der Aufgabe, diesen Entwicklungsprozess für jeden Menschen einsichtig und gangbar zu machen. Er steht damit zuvorderst in der Tradition der größten Weisheitslehrer unserer Zeit. Seine Bücher erreichten Millionenauflagen und wurden in die wichtigsten Sprachen übersetzt.

Thorwald Dethlefsen verstarb Ende 2010 glücklich im Kreise seiner Angehörigen. Der Aurinia Verlag veröffentlichte jüngst sämtliche Vorträge und die derzeit vergriffenen Werke dieser außergewöhnlichen Persönlichkeit in einer neuen, von den Angehörigen autorisierten Edition.

Für News, Hör- und Leseproben besuchen Sie bitte unsere Webseite unter www.thorwald-dethlefsen.de

THORWALD DETHLEFSEN

Die legendären Vorträge voll Weisheit und Inspiration

Als Buch und digital remastered auf CD und als MP3-Download

01| Selbsterkenntnis – Der Weg zur Bewusstwerdung
■ ISBN 978-3-95659-531-8 ● 1 CD · 80 Min · ISBN 978-3-95659-501-1

02| Homöopathie als Urprinzip – Heilung durch das Resonanzgesetz
■ ISBN 978-3-95659-532-5 ● 2 CDs · 85 Min · ISBN 978-3-95659-502-8

03| Polarität und Einheit – Urwissen der Menschheit
■ ISBN 978-3-95659-533-2 ● 2 CDs · 90 Min · ISBN 978-3-95659-503-5

04| Vom Blei zum Gold – Alchemie als Weg zur Persönlichkeitsverwandlung
■ ISBN 978-3-95659-534-9 ● 2 CDs · 90 Min · ISBN 978-3-95659-504-2

05| Das Wort ward Fleisch – Leben mit dem Analogiegesetz
■ ISBN 978-3-95659-535-6 ● 2 CDs · 90 Min · ISBN 978-3-95659-505-9

06| Altes und neues Weltbild – Schattenarbeit, Homöopathie, Karma: Fragen & Antworten
■ ISBN 978-3-95659-536-3 ● 2 CDs · 100 Min · ISBN 978-3-95659-506-6

07| Die spirituelle Bedeutung von Weihnachten – Das innere Licht wird geboren
■ ISBN 978-3-95659-537-0 ● 2 CDs · 100 Min · ISBN 978-3-95659-507-3

08| Gedanken zum Ostermysterium: Wie im Himmel, so auf Erden – wie oben, so unten
■ ISBN 978-3-95659-538-7 ● 2 CDs · 100 Min · ISBN 978-3-95659-508-0

09| Ödipus der Rätsellöser – Die Erlösung der menschlichen Seele
■ ISBN 978-3-95659-539-4 ● 3 CDs · 180 Min · ISBN 978-3-95659-509-7

10| Prometheus – Schuld, Sünde und Einheit im menschlichen Dasein
■ ISBN 978-3-95659-540-0 ● 2 CDs · 90 Min · ISBN 978-3-95659-510-3

ELISABETH HAICH

TAROT – DIE REISE DES HELDEN

★ ★ ★

22 STUFEN DER EINWEIHUNG

Dieser Klassiker des Tarot führt uns in die tiefen Schichten unserer eigenen Seele. »Die Reise des Helden« ist die spirituelle Lebensreise eines jeden Menschen, der Tarot ein uralter Initiationsweg und ein spirituelles Einweihungssystem über magische Seelenbilder. Das Geheimnis der Großen Arkana besteht darin, dass die 22 Karten die geheimen 22 geistigen Tore der Einweihung repräsentieren. Die faszinierende Reise durch die Karten der Großen Arkana ist erfüllt mit uralten Menschheitserfahrungen und leuchtendem ewigen Wissen. Unser Schicksal und unsere Lebensaufgaben werden von Elisabeth Haich anhand der symbolischen Spiegelung in den Kartenmotiven meisterhaft und ausführlich erläutert. Der esoterisch-spirituelle Tarot dient der Entwicklung der eigenen Persönlichkeit mithilfe der magischen Seelenbilder der Großen Arkana des berühmten Rosenkreuzer Wirth Tarotdecks (22 farbige Abbildungen). Die Symboldeutung Haichs kann selbstverständlich auch auf andere Tarotdecks (z. B. Crowley Thoth oder Rider Waite Tarot) übertragen werden, denn die Symbole sind universelle Bilder in wechselnden Farben und Nuancen wie das Leben selbst. Der Tarot ist der Spiegel der Seele auf unserem spirituellen Weg.

192 Seiten mit 22 farb. Abb., ISBN 978-3-943012-96-5

ROBERT MOORE, DOUGLAS GILLETTE

MIT EINEM BEITRAG VON
RUEDIGER DAHLKE

KÖNIG, KRIEGER, MAGIER, LIEBHABER

★ ★ ★

Initiation in das wahre männliche Selbst durch kraftvolle Archetypen

Dieses renommierte Standardwerk der Männerpsychologie ist eine tiefenpsychologische Entdeckungsreise zu den Archetypen des Männlichen nach C. G. Jung und eine praktische Einführung und Initiation in die vier machtvollen archetypischen Motive, den helfenden Schlüsselenergien und stärkenden Quellen der menschlichen Psyche.

Prof. Dr. Robert L. Moore stellt den männlichen Individuationsprozess (die Reifung der Psyche) durch die bewusste Integration der eigenen Schattenanteile dar: Die Transformation vom »kindhaften Erwachsenen« hin zum gereiften Mann. Das große Ziel ist die Neugeburt des archetypischen Königs (nach Jung gleichbedeutend mit dem Selbst eines jeden Menschen) durch innere Wandlung und Heilung hin zu einem vollkommenen, intakten, ganzen Wesen.

Ein Buch zur fundierten Eigenerforschung der männlichen Persönlichkeit, über innere und äußere Männerwelten, Mann-Sein und Mann-Werdung in der Moderne. Das von Robert L. Moore entwickelte System der Transformation der Archetypen gehört zu den großen Klassikern in Psychologie, Therapie, Unternehmensberatung und Management-Training.

256 Seiten, Paperback, ISBN 978-3-95659-011-5

WILLIAM WALKER ATKINSON

★ ★ ★

WEITERE TITEL DES GROSSEN MEISTERS

★

DIE KUNST DES GEISTIGEN HEILENS
Spirituelle, mentale und körperliche Heiltechniken
144 Seiten, ISBN 978-3-95659-013-9

★

DIE ASTRALWELT
Reisen durch die feinstofflichen Welten
96 Seiten, ISBN 978-3-943012-13-2

Auch als Hörbuch erhältlich!

WEITERE TITEL IN VORBEREITUNG!

DER MAGISCHE FINDHORN GARTEN

★ ★ ★

Gespräche mit Engeln, Elfen und Naturgeistern

Den Garten Eden, das Paradies auf Erden, gibt es wirklich: Vor über 50 Jahren geschah ein Wunder in den windgepeitschten und unfruchtbaren Sanddünen im hohen Nordosten Schottlands. Auf einem kleinen Areal mit ertragsarmem Boden wuchsen rund um einen neun Meter langen Wohnwagen die wunderschönsten Blumen und Obst und Gemüse von enormer Größe. Mit einem absoluten Glauben an die Kunst der Manifestation folgten Eileen und Peter Caddy zusammen mit ihrer Freundin Dorothy Maclean mit Hingabe der Führung Gottes und schufen an diesem Ort ein Heim mit einem magischen Garten. Sie lernten die Naturgeister und Devas zu kontaktieren und mit ihnen zusammenzuarbeiten. Das machte das Unmögliche möglich, und das mittlerweile weltbekannte Findhorn-Phänomen war geboren. Der Garten wuchs und inspirierte eine biologisch orientierte Landwirtschafts-Initiative, die nun über 200 Menschen ernährt. Hier wird Studenten das Erlebnis zuteil, ökologischen Anbau in Übereinstimmung mit der Natur zu betreiben.

Dieses Buch ist eine Einladung, mit den Wesen der unsichtbaren Reiche – den Naturgeistern, Engeln und Devas – zusammenzuwirken. Verbinden wir uns mit anderen Menschen über den gesamten Planeten und verwirklichen eine neue Lebensart gegründet auf sozialen, spirituellen und ökologischen Werten, die umweltverträglich sind und das Leben der Großen Mutter Gaia fördern.

240 Seiten, Paperback, 23 x 21 cm, vollfarbig, ISBN 978-3-95659-004-7